希腊悲剧时代的哲学

[德] 弗里德里希·威廉·尼采　著

周国平　译

云南人民出版社

Friedrich Nietzsche

（1844—1900）

总序 今天，我们为什么要读尼采

在西方哲学家里，尼采是一个另类。在通常情况下，另类是不被人们接受的，事实上尼采也不被他的同时代人接受，生前只有一点小名气。但是，在他死后，西方文化界和哲学界越来越认识到他的伟大，他成了20世纪最走红的中国哲学家。我本人对尼采也情有独钟，觉得他这个人，从个性到思想再到文字，都别具魅力，对我既有冲击力，又能引起深深的共鸣。

32年前，我第一次开尼采讲座，地点是北京大学办公楼礼堂，那次的经历终生难忘。近千个座位坐得满满的，我刚开始讲，突然停电了，讲台上点燃了一支蜡烛，讲台下一片漆黑，一片肃静，我觉得自己像是在布道。刚讲完，电路修好了，突然灯火通明，全场一片欢呼。

那是1986年，也是在那一年，我出版了第一本专著《尼采：在世纪的转折点上》，一年内卖出了10万册，以及第一本译著《悲剧的诞生——尼采美学文选》，一年内卖出了15万册。那时候还没有营销、炒作之类的做法，出版社很谨慎地一点点印，卖完了再加印，这个数字算是很惊人的了。20

I

世纪 80 年代，中国笼罩着一种氛围，我把它叫作精神浪漫，尼采、弗洛伊德、萨特都是激动人心的名字，谈论他们成了一种时尚。你和女朋友约会，手里没有拿着一本尼采，女朋友会嫌你没文化。

30 多年过去了，时代场景发生了巨大的变化。如果说我这一代学人已经从中青年步入了老年，那么，和人相比，时代好像老得更快。当年以思潮为时尚的精神浪漫，已经被以财富为时尚的物质浪漫取代，最有诗意的东西是金钱，绝对轮不上哲学。对于今天的青年来说，那个年代已经成为一个遥远的传说。

不过，我相信，无论在什么时代，青年都是天然的理想主义者，内心都燃烧着精神浪漫的渴望。我今天建议你们读尼采，是怀着一个 70 岁的青年的心愿，希望你们不做 20 岁、30 岁、40 岁的老人。尼采是属于青年人的，我说的青年，不只是指年龄，更是指品格。青年的特点，一是强健的生命，二是高贵的灵魂，尼采是这样的人，我祝愿你们也成为这样的人。

周国平
写于 2019 年 2 月
再刊于 2024 年 6 月

一个巨人越过岁月的鸿沟向另一个巨人发出呼唤……延续着崇高的精神对话。

——尼采

目录

译者导言:

回到哲学的源头

一、关于《希腊悲剧时代的哲学》

1873年4月，尼采到拜罗伊特做客瓦格纳家，带去了一部誊写好的文稿，题为《希腊悲剧时代的哲学》。据瓦格纳夫人柯西玛在日记中记载，尼采在瓦格纳的家庭聚会上宣读了这部稿子，分两次读完。这是一本尚未完成的书的草稿，尼采自己在当时的一封信中谈到这部稿子时说："这整个东西距合格的书的形式还很远，我将不断鞭策自己，还须经过很长时间，才能尝试再次——同一题目的第四次——写作。我曾被迫为此目的进行极为特殊的研究，甚至无畏地涉猎数学、力学、化学原子理论等。我又一次确信希腊人的辉煌。从泰勒斯到苏格拉底的道路是伟大的。"[1] 可见他对这部著作十分重视，为之下了很大的功夫。然而，计划中的第四次写作并未兑现，这本书始终是一部未完成的手稿，在尼采生前没有出版。

1　转引自 *Friedrich Nietzsche : Chronik in Bildern und Texten*. Carl Hanser Verlag, München-Wien 2000.（《尼采传记图文版》，Carl Hanser 出版社，慕尼黑—维也纳 2000 年），第 293 页。

尽管如此，本书仍是尼采早期最重要的著作之一，它和《悲剧的诞生》一起，向我们展示了他的哲学思想的希腊渊源。《悲剧的诞生》出版后不久，他把研究的重心从希腊艺术转向了希腊哲学，这并非偶然。事实上，在《悲剧的诞生》中，尼采关心的也不是纯粹的艺术和美学问题，而是人生和文化问题。出于对希腊悲剧艺术的独特感悟，他深信，古希腊人成就了最高类型的文化，一种真正能够统率和指导人生的文化。令他痛心的是，这种理想的文化形态久已失落。因此，在《悲剧的诞生》之后的若干年里，他的思考和写作始终围绕着一个主题，就是广义的教育（Bildung），按照他的理解，其任务是以希腊文化为典范，在现代重建一种理想的文化形态。本书之前所写的《论我们教育机构的未来》（1872），本书之后所写的《不合时宜的考察》（1873—1876），皆贯穿着这个主题。本书也是为同一主题服务的，既然希腊文化最辉煌地体现在艺术和哲学两个领域，为了完整地认识这个典范，就不能不对希腊哲学也做一番深入的研究了。尼采自己说得很清楚，他之所以要写作本书，尝试阐述希腊哲学家的历史，"其目标是通过比较来重获和再造那些天性，让希腊天性的复调音乐有朝一日再度响起"。[1]

在阐述希腊哲学家的历史时，尼采把目光锁定在公元前6世纪至公元前5世纪，即前柏拉图时期。这是希腊悲剧艺术繁荣的时期，而尼采认为，同时期希腊哲学家们"所怀抱的

1　《希腊悲剧时代的哲学》原序一，本书第48页。

正是悲剧在当时为之诞生的那同一个目的"[1]。由此可见，他实际上是把希腊悲剧与前柏拉图哲学看作一种统一文化的不同表达，二者在精神上是同源的，皆怀抱着为人生的目的，与人生有着血肉的联系。在他的笔下，从泰勒斯到苏格拉底，这些早期哲学家也的确很像是悲剧里的英雄。他写道："所有这些人是一个整体，是用一块巨石凿出的群像……他们遇不到任何现成的模式可助他们一臂之力，以减轻他们的困难。所以，他们就共同来造就叔本华在和学者共和国相对立的意义上称之为天才共和国的东西：一个巨人越过岁月的鸿沟向另一个巨人发出呼唤，不理睬在他们脚下爬行的侏儒的放肆喧嚣，延续着崇高的精神对话。"[2] 他们的伟大在于，其中每一个人都具有前无古人的独创性，体现了哲学上的一种原型，尼采称之为"纯粹的典型"。相比之下，柏拉图以来的哲学家们只是"他们的不肖子孙"，"缺少了某种本质的东西"，皆是"哲学上的混合性格"。[3] 因此，要领略原汁原味的哲学，要一睹本来意义上的哲学家的真面目，就必须回到柏拉图以前。尼采终生坚持这一信念，后来只是排除了苏格拉底，而把前苏格拉底哲学形容为最值得我们挖掘的"一切希腊庙宇中埋得最深的庙宇"，并且宣称："全部哲学的真正尊严在于，它一步步收复古代的土地；重结似乎已经扯碎的联盟，与希腊

---

1 《希腊悲剧时代的哲学》第一章，本书第56页。

2 《希腊悲剧时代的哲学》第一章，本书第55页。

3 《希腊悲剧时代的哲学》第二章，本书第57页。

人——迄今为止发展得最完善的人的类型——的联盟。"[1]

　　然而，使尼采深感遗憾的是，古希腊文化的晚期腐败形态在历史上产生了极大影响，其早期形态却始终受到错误的评判。[2]长久以来，如同人们误解了希腊悲剧一样，前苏格拉底哲学也一直未受到应有的重视。造成这种情况的原因之一是："那些古代哲学大师的著作流传到我们手中，只剩下如此可怜的残篇，所有完整的作品均已散失，这是一个真正的不幸。由于作品的散失，我们不由自主地用错误的标准来衡量这些大师。柏拉图和亚里士多德的著作从来不乏评论者和抄写者，这样一个纯属偶然的事实使我们先入为主地冷落了他们的前人。"尼采对此感慨万分，他说：如果书籍真有自己的命数，"这命数想必是充满恶意的，它竟认为最好从我们手中夺走赫拉克利特、恩培多克勒的奇妙诗篇，德谟克利特的作品（古人把他和柏拉图并提，他在创造力方面还要高出柏拉图一筹），而作为替代，却把斯多葛派、伊壁鸠鲁派和西塞罗塞给我们"。[3]文献的不对称导致人们把柏拉图、亚里士多德乃至斯多葛派、伊壁鸠鲁派和西塞罗树为哲学的正宗，并且以

1　《权力意志》419。Friedrich Nietzsche. *Der Wille zur Macht*. Tübingen 1952.（弗里德里希·尼采：《权力意志》，图宾根，1952 年），第285 页。以下引该书缩写为 WM。

2　参看 *F. Nietzsche, Werke, 19 Bände u. 1 Register Band*, Leipzig, 1894—1926.（《尼采全集》，莱比锡），第 10 卷，第 219 页。该全集版本俗称 Großoktav—Ausgabe（大八开本），以下引此版本缩写为 GA。

3　《希腊悲剧时代的哲学》第二章，本书第59 页。

此为标准去评判柏拉图以前的哲学家。因此，在一定意义上，尼采想做的工作是把颠倒的历史颠倒过来，依靠残篇断简复原前柏拉图哲学家的群像，重现哲学的原型。

这无疑是一项困难的工作，至少在写作本书时，尼采未能把它完成。他的计划是写泰勒斯、阿那克西曼德、赫拉克利特、巴门尼德、阿那克萨哥拉、恩培多克勒、德谟克利特、苏格拉底八位哲学家，结果只写了前五人，就半途而废了。他在恩培多克勒那里卡住了，没有阐述这位他十分欣赏的哲学家，也没有阐述他同样给予了高度评价的德谟克利特，也许可以部分地用资料的匮乏来解释。他把苏格拉底也列在了古代哲学大师的整体群像之中，由于是最后一位，结果也没有阐述。我们知道，在《悲剧的诞生》中，他是把苏格拉底当作导致希腊悲剧精神灭亡的罪魁祸首进行讨伐的。我们还知道，终其一生，他没有停止过对苏格拉底理性主义的批判。从他在书中对巴门尼德的处理来看，能够进入群像的倒未必是被他肯定的人物，而应该是哲学上一种原型的始祖。就此而言，苏格拉底当然太够资格了。在当时的一个札记中，他曾表示："我承认，苏格拉底和我是如此相近，致使我几乎不断地与他抗争。"[1]令人感兴趣的是，如果当时完成了这部著作，他会怎样阐述这个使他心情极为矛盾的人物呢？或者，人们也许有理由断言，苏格拉底始终是他难以对付的一个难题？

1　　GA，第10卷，第217页。

无论如何，本书是值得我们重视的。在近现代哲学家中，尼采也许是与古希腊文化有最亲近的血缘关系的一个哲学家，我们在很高的程度上可以把公元前 6 世纪至公元前 5 世纪的希腊文化看作尼采哲学的诞生地。通过本书中他对柏拉图前哲学家们的独特解读，我们将清晰地看到他是如何形成对哲学是什么和应是什么的看法的，也将辨认出他的某些基本哲学思想的早期形态。

二、论哲学和哲学家

1. 哲学家的个性是哲学中真正有价值的东西

历来对于哲学史的阐述，看重的是哲学史上的一个个体系，哲学史便成为体系更替的历史，结果"势必会埋没那些个性的东西"。在本书的序言中，尼采明确表示，他所使用的方法正与此相反。他把本书称作"阐述远古希腊哲学家史的尝试"，以强调其主角不是体系，而是哲学家。对于每个哲学家，在他们的体系中仅择取"哲学家的个性有着最强烈的显现"的极少数学说，借此来重获和再造那些伟大的人、伟大的天性、伟大的形象。[1]

尼采鲜明地表达了他对哲学的认识，这种认识一经确立，便贯穿于他自己一生的哲学活动之中。他认为，哲学中真正有价值的东西不是体系，而是哲学家的个性。一切体系都必

---

1   《希腊悲剧时代的哲学》原序二，本书第 49 页。

遭否弃，唯有体系中所包含的伟大个性能够长久地吸引我们，它们是"永远不可驳倒的东西"，"历史理应加以保存的那种不容反驳、不容争辩的东西"，"我们必定永远喜爱和敬重的东西"，"后来的认识不能从我们心中夺走的东西"。与体系相比，个性不但是更有价值的东西，也是更本原的东西。"生活方式和为人处世方式无论如何是一度实存过的，因而是可能的。'体系'，或者至少'体系'的一部分，乃是这片土壤上的植物……"[1] 正因为此，衡量一种哲学体系或哲学思想的价值，归根到底也是要看它由之生长的那种个性的价值。

尼采所说的个性究竟是指什么？它肯定不是指一个哲学家的某种纯粹个人特性。在上述引文中，它大致被等同于"生活方式和为人处世方式"。至于其确切的含义，则唯有在了解了尼采在本书中对希腊哲学家的全部论述之后才可把握，应是指一个哲学家对于人生的独特理解和态度，他的理解触及了生活的本质，他的态度体现了人性的伟大，皆足以启迪民族和人类。

2. 哲学是生活方式而非知识

要知道哲学是什么，哲学应该是什么，最好的办法是看一看希腊人的榜样。希腊人是典型的哲学民族。"其他民族出

1　《希腊悲剧时代的哲学》原序一、二。本书第47—49页。

圣徒，希腊出哲人。有人说得对，要给一个民族定性，与其看它有些什么伟大人物，不如看它是以什么方式认定和推崇这些伟大人物的。在别的时代、别的地方，哲学家是处在最敌对环境中的偶然的、孤独的漫游者，他们不是隐姓埋名，就是孤军奋战。只有在希腊人那里，哲学家才不是偶然的。"[1]

希腊人的榜样昭示了什么？尼采认为，首要的一点是，希腊人是健康的，而唯有一个民族的健康才赋予哲学以充足权利。健康不是哲学的充分条件，比如说，全盛时期的罗马人是健康的，无需哲学而生活。但是，健康是哲学的必要条件。对于病人，哲学不但不能使之康复，反而会令其愈益病弱。我们不能单从字面上去理解尼采的意思，他所说的健康和病弱，显然主要不是指躯体上的，毋宁说是指一种内在的生命状态，一种由生命本能发动的生活态度。作为对世界和人生的解释，一种哲学是积极还是消极，就取决于这种内在生命状态。倘若内在的生命力已经衰败，哲学无论作为慰藉还是解脱都只能加速其衰败。正是在这个意义上，尼采庆幸希腊人在生命力旺盛的成年期开始从事哲学，因而得以作为真正的健康人"为哲学做了一劳永逸的辩护"[2]。

然而，如上所述，健康只是哲学的必要条件而非充分条件。一个健康的民族完全可能把旺盛的精力投向外部世界的活动，比如享乐和政治，如罗马人之所为，或者知识，如文

1　《希腊悲剧时代的哲学》第一章，本书第 55 页。
2　《希腊悲剧时代的哲学》第一章，本书第 51 页。

艺复兴后欧洲人之所为。希腊人之所以能成为一个哲学民族，不仅有赖于生命的健康，而且有赖于对生命意义的强烈关切，因而形成了对于哲学使命的一种正确意识。他们"为了生活，而不是为了博学"从事哲学，"凭借对生命的关切，凭借一种理想上的生命需要，约束了他们的原本贪得无厌的求知欲"，从而"创造了典型的哲学头脑"。[1]他们以行动表明，哲学按其实质不是知识，而是生活方式。区别于后世哲学家，希腊哲学家的特点正在于"敢于身体力行哲学法则"，"怀着一种单纯的男子气的忠诚以哲学方式生活"。[2]因此，我们唯有按照希腊人的方式去实践，而不是凭借渊博的知识，才能最大限度地接近他们。

正是在这个意义上，我们才可理解尼采为何视文化为哲学的前提。他说："一个时代，如果它苦于只有所谓普及教育，却没有文化，即没有贯穿其生活的统一风格，那么，它就根本不会懂得拿哲学来做什么正确的事。"[3]在这里，尼采把文化定义为贯穿一个时代的生活的统一风格。一个时代有没有文化，就看有没有这样一种贯穿其生活的统一风格。希腊人是有的，尼采称希腊哲学家为"处在一种按照统一风格形成的现实文化之中的哲学家"，"有一种铁的必然性把哲学家维系在真正的文化上"。[4]综观尼采的全部论述，他所说的这种

1　《希腊悲剧时代的哲学》第一章，本书第53—54页。
2　《希腊悲剧时代的哲学》第二章，本书第60页。
3　《希腊悲剧时代的哲学》第二章，本书第60页。
4　《希腊悲剧时代的哲学》第二章，本书第56页。

12

统一风格应是指对生命意义的关切，正是这种关切把希腊人的生活联结成了一个整体。相反，如果没有对生命意义的关切，只是以求知为目的，无论一个民族还是一个人，多么博学也仍是没有文化的野蛮人，其生活是没有内在联系的碎片。由此可见，在尼采看来，有没有文化取决于是否为了生活而从事哲学，他据此而指出："希腊人在从事哲学时也是作为有文化的人，为着文化的目的"。[1]

用这个眼光审视，现代社会所缺少的正是对生命意义的关切，因而也就缺少贯穿其生活的统一风格。质言之，这是一个没有文化的时代。对于哲学来说，这当然是一个糟糕的时代。一方面，公开的哲学"都是政治性的和警察式的，都被政府、教会、学院、习俗、时尚以及人的怯懦束缚在学术的表面"。这种伪哲学不具备正当的权利，理应遭到一切有点儿勇气和良心的人的抵制。[2] 另一方面，稍微像样一点的哲学"始终只是孤独的散步者的学术自白，是个别人的侥幸的战利品，是隐居的密室，或者是老态龙钟的学者与稚子之间无害的唠叨"。"在幸运的情形下，即使哲学家作为太阳系的一颗明星发光，他仍是一颗吉凶未卜、令人惊恐的彗星。"[3] 我们完全可以把这后一句话看作尼采的自况，说出了他在时代中的孤独和悲哀。总之，哲学的整个状况令人沮丧。不过，这不

---

1 《希腊悲剧时代的哲学》第一章，本书第53—54页。
2 《希腊悲剧时代的哲学》第二章，本书第60—61页。
3 《希腊悲剧时代的哲学》第一章，本书第56页。

是哲学本身的过错，尼采的辩护发人深省："你们首先必须有一种文化，然后才会体会到哲学想做什么和能做什么。"[1]

3. 形而上学是信念和直觉而非科学和逻辑

那么，哲学究竟想做什么，又能做什么呢？前者涉及哲学的使命，后者涉及哲学的方法。

关于哲学的使命，尼采是通过与科学的比较加以阐明的。依据亚里士多德的一段话，他发挥道："哲学通过选择和析出异常、惊人、困难、神圣的东西而使自己区别于科学，就像它通过重视无用的东西而使自己区别于聪明一样。科学……在不惜任何代价求知一切的盲目欲望支配下冲向一切可知之物。相反，哲学思维却永远立足于最值得认识的事物，立足于伟大重要的认识。"因此，"哲学就是从给'伟大'立法开始的"。[2]

我们看到，尼采始终是在与盲目求知相对立的意义上来把握文化和哲学的实质的。他强调要怀着对生命的关切、为了生活而从事哲学，但是，关切生命不是关心世俗利益，为了生活也并非追求有用。其实，利益和有用正是科学和求知背后的动机。相反，哲学所寻求的是神圣而无用的东西，它

1　《希腊悲剧时代的哲学》第二章，本书第 61 页。
2　《希腊悲剧时代的哲学》第三章，本书第 66 页。

的使命是给"伟大"立法，也就是要解决这个问题：那种使人的生命成其伟大的东西是什么，人怎样生活才算得上是伟大的？很显然，所谓对生命的关切，乃是对生命之意义的关切。

这样一种关切不可避免地把人类引向形而上学。"我们在所有哲学家身上，在他们为了更好地表达它而做的不屈不挠的努力中，都可以发现这个信念，它就是'一切是一'的命题"，而这个形而上信念的根源"深藏在某种神秘直觉之中"。[1]尼采对于这个形而上信念是持肯定态度的，他显然也相信，生命意义问题的答案有赖于对世界的整体解释。为了找到这个答案，哲学"最常用的办法是，它把最伟大的认识，对事物本质和核心的认识，看作是可以达到的和已经达到的"。希腊哲学史上第一个哲学家泰勒斯就是这样做的。"当泰勒斯说'一切是水'的时候，人类就突破了单门科学的蠕虫式的触摸和原地爬行，预感到了事物的最终答案，并借助这种预感克服了较低认识水平的一般限制。"[2]

尼采以泰勒斯为例，生动地描述了哲学是用什么方法来达到自己的目标的。哲学"一心越过经验的樊篱，奔赴那魔术般吸引着它的目标。它利用容易到手的支撑物，希望和预感都加快了它的步伐。从事计算的知性却气喘吁吁地跟在后面，寻觅更好的支撑物，也想到达更具灵性的伙伴业已到达

---

[1]　《希腊悲剧时代的哲学》第三章，本书第62—63页。
[2]　《希腊悲剧时代的哲学》第三章，本书第66页。

的那诱人目标"。在这个过程中,一种非逻辑的力量——想象——起了决定性的作用。哲学"乘着想象的翅膀从一种可能性飞向另一种可能性,这些可能性暂时被用作确定性",在此之后,知性才"带着尺度和规范来到,试图用相同性取代相似性,用因果性取代并存性",借此把曾被使用过的可能性宣布为确定性。善用想象的哲学家就好像一个要渡过湍急溪流的旅行者,他踩着河中石块不断跳跃,不在乎石块在他身后突然掉入深渊,终于矫健地越过了溪流。相反,一味依赖知性的哲学家则好似另一个旅行者,他首先要替自己建造足以承受其谨慎沉重步伐的基础,常常做不到这一点,只好绝望地站在河旁。[1]

在尼采看来,哲学对世界本质的认识首先是一种直觉,而它达到这种认识的真正手段其实是想象而非逻辑,逻辑至多只能充当事后构筑体系的工具。尼采坚决反对靠逻辑来把握世界本质的路径。康德证明了作为科学的形而上学之不可能,尼采显然深受启发,这个认识成了他对哲学的理解的起点。他一开始就把形而上学看作一种信念、直觉、想象,而非科学和逻辑。

然而,哲学的狼狈之处在于,当它试图传达对世界本质的认识时,除了概念,它别无手段。"用辩证法和科学反映来表达任何一种深刻的哲学直觉,这样做一方面虽然是传达所观看到的东西的唯一手段,但另一方面也是一种可怜的手段,

---

[1] 《希腊悲剧时代的哲学》第三章,本书第 63—64 页。

在本质上甚至是向一种不同领域和不同语言的隐喻式的、完全不可靠的转译。泰勒斯就这样观看到了存在物的统一，可是当他想传达这一发现时，他却谈起了水！"即使不谈起水，而是像后来的哲学家那样谈起火、原子、理念、绝对精神，事情并无本质的不同。不过，即使如此，"不可证明的哲学思维也仍然具有一种价值"。例如在泰勒斯的场合，即使"一切是水"的命题不能成立，"在科学建筑崩塌之后，也终归还剩下一点东西。正是在这剩下的东西中，包含着一种动力，甚至包含着将来开花结果的希望"。这剩下的东西实际上就是对于"存在物的统一"的直觉，就是使人类能够超越于经验世界的形而上信念。如果舍弃这种直觉和信念，哲学就不复是哲学，对于人类也就不再具有其作为哲学的价值。人类终归是不能没有形而上学的。"哲学家试图倾听世界交响乐在自己心中的回响，然后以概念的形式把它投放出来。"[1]也许高明的哲学家的本事就在于，他善于找到那样的概念，能够使聪慧的耳朵借之听到在他心中回响着的世界交响乐。

4. 哲学写作的风格

哲学表达的唯一手段是概念亦即语词，但是，哲学使用概念的方式应该是不同于科学的。它使用概念不是要表达经

1　《希腊悲剧时代的哲学》第三章，本书第66—67页。

验事物，而是为了投放世界交响乐的回响。怎样的写作风格能够达到这个目的呢？我们从本书中可以看到，尼采异常重视这个问题，他后来成为文体卓越的哲学家绝不是偶然的。

在评论"古代第一个哲学著作家"阿那克西曼德的文风时，尼采指出，每一个尚未失去自然质朴品质的典型的哲学家都应这样写作，其特征是："以风格宏伟、勒之金石的文体，句句都证明有新的启示，都表现出对崇高沉思的迷恋。每个思想及其形式都是通往最高智慧的路上的里程碑。"[1]这基本上是箴言的风格。我们由此不难揣摩，尼采本人的写作风格与古希腊哲人之间有着怎样的师承关系。

这种文风的主要特点是简洁而隽永，但绝非晦涩。尼采十分厌恶那些故意写得晦涩的哲学家，暗示说，这种人如果"并没有理由要隐瞒其思想"，便一定是"要用文字来掩盖其思想之贫乏的骗子"。他转述叔本华的话指出，哪怕在日常生活中，人们也必须尽量把话说得明白，以防止可能的误解，那么，一个哲学家又怎么可以允许自己把本来就难以被人理解的哲学思想故意表达得模糊不清呢？然而，简洁容易被看作晦涩，赫拉克利特的命运就是如此。在尼采眼里，赫拉克利特的风格无比清新明朗，只对于那些一目十行的读者来说才是晦涩的。简洁之所以必要，理由之一也正是要让这样的读者看不懂，防止他们加以歪曲。关于这一点，尼采引述了让·保尔（Jean Paul）的一个精彩见解："大体而论，如果一

1　《希腊悲剧时代的哲学》第四章，本书第68页。

切伟大的事物——对于少数心智有许多意义的事物——仅仅被简练地和（因而）晦涩地表达出来，使得空虚的头脑宁肯把它解释为胡言乱语，而不是翻译为他们自己的浅薄思想，那么这就对了。因为，俗人的头脑有一种可恶的技能，就是在最深刻丰富的格言中，除了他们自己的日常俗见之外，便一无所见。"[1] 一个珍爱自己思想的哲学家就应该这样写作：一方面，努力让那些精致的耳朵听懂每一句话，另一方面，绝不为了让那些粗糙的耳朵听懂——它们反正听不懂——而多说一句不必要的话。如此写出的作品，其风格必是简洁的，这是一种有着深刻丰富内涵的简洁。

5.哲学家的骄傲

从语源学角度看，希腊语中"哲人"一词含有"辨味的人""有敏锐味觉的人"等意思。尼采据此推断："在这个民族看来，一种敏锐的品尝和辨别的能力，一种杰出的区别能力，构成了哲学家特有的艺术。如果把那种在涉及自己的事情中善于发现利益的人称为聪明人，那么，哲学家不是聪明人。"[2] 哲学家不屑于做这样的聪明人，他有最高的趣味，只关心最值得认识的伟大事物，永恒的事物。这样的一个人必

1　《希腊悲剧时代的哲学》第七章，本书第 86 页。
2　《希腊悲剧时代的哲学》第三章，本书第 66 页。

然是骄傲的，在他眼里，世间一切利益皆微不足道，如过眼烟云。

在希腊哲人中，尼采对赫拉克利特情有独钟。他终身热爱这位隐士哲学家，对其思想和人格都钦佩不已，是所有哲学家中唯一的一个他未尝有过半句非议的哲学家。流传下来的关于赫拉克利特的史料极为有限，青年尼采却仿佛从中瞥见了一个最高的哲学家形象。在这部早期著作中，他即已把赫拉克利特视为哲学家的楷模，向他献上了最热烈的赞美。在赫拉克利特身上，哲学家的骄傲可谓达到了极致，尼采喻之为一种"帝王气派的自尊和自信"。以赫拉克利特为范本，他对哲学家的骄傲作了如下评述："如果一位哲学家感到骄傲，那就确实是一种伟大的骄傲。他的创作从不迎合'公众'、群众的掌声或同时代人异口同声的欢呼。空谷足音乃是哲学家的命运……蔑视现在和当下，这是伟大哲学天性的本质之所在……这样的人生活在他们自己的太阳系里，我们必须登门拜访他们。"[1]

一般而言，哲学家的骄傲表现在立足于永恒，蔑视现在和当下，包括蔑视公众和同时代人的意见。赫拉克利特也是如此，但不止于此。他不但蔑视当下，而且蔑视历史，不但蔑视公众，而且蔑视人类。"凡是人们关于人类可能探问的一切，他之前的贤哲们已经努力探问过的一切，都与他无关。他轻蔑地谈及这些探问着、搜集着的人，简言之，这些'历

---

1 《希腊悲剧时代的哲学》第八章，本书第88页。

史的'人。"毕达哥拉斯和恩培多克勒也是无比骄傲的，但灵魂转生和众生一体的信念使他们仍然关心人类。赫拉克利特却不然，他超出人类无限遥远，面对人类也仿佛只是面对着幻象，因而是绝对孤独的，宛如"一颗没有大气层的星辰"。在尼采的描绘中，他仿佛已经不再是一个人，而成了与世界本体合一的神，成了不朽和真理的化身。"他不需要人类，即使为了他的认识也不需要。""世界永远需要真理，因而永远需要赫拉克利特，尽管赫拉克利特并不需要世界。他的声誉与他何干？正如他嘲笑着宣布的，声誉依存于'不断流逝的易朽之物'。他的声誉和人类有关，而不是和他有关，人类的不朽需要他，而不是他需要赫拉克利特这个人不朽。"[1]这些话是在说赫拉克利特吗？是的，但又好像不完全是了，毋宁说适用于一切伟大的哲学家。我们从中可以读出一个一般性论点：哲学家的伟大不取决于人类对他的态度，而人类的伟大却取决于它对哲学家的态度。哲学家的骄傲莫过于此了。

1　《希腊悲剧时代的哲学》第八章，本书第89页。

三、论希腊早期哲学家

1. 泰勒斯

泰勒斯没有留下著作，连残篇也没有。他是否写过著作，文献对此的记载是矛盾的，即使写过，数量必定甚少。我们从文献中知道，作为"七贤"之一，他富有实践的智慧。我们还知道，他是当时最聪明的天文学家，因此备受希腊社会的赞颂。后世公认他为希腊最早的哲学家，则是根据亚里士多德在《形而上学》中提到的他的一个看法，即"水是万物的本原"。在本书第三节，尼采围绕这个命题做文章，分析它既不同于神话又不同于科学的地方，证明它已经够得上是一个哲学命题，因而泰勒斯确有资格被看作最早的哲学家。同时，尼采借此着重阐明了自己对于哲学的性质的看法。

首先，这个命题与泰勒斯之前希腊人对世界的神话式认识有根本的区别。尼采指出："这个命题就事物本原问题表达了某种看法"，并且"它的这种表达并非比喻或寓言"，这就把泰勒斯与那些"信教和迷信的人"区分了开来，表明了"他是一个自然科学家"。泰勒斯这个命题的"价值恰恰在于它的含义不是神话式和譬喻式的"；"作为数学家和天文学家，他对一切神话和譬喻怀有反感。尽管他还不能清醒地达到'一切是一'这个纯粹的抽象观念，他还停留在一种物理学的表述上，但是，在他那时代的希腊人中间，他毕竟是一个可惊的例外"。和那种譬喻式的思维相比，"泰勒斯是一位无需幻想式寓言就洞察自然界底蕴的创造性大师"。[1]

其次，泰勒斯的这个命题虽然尚未达到"一切是一"这个纯粹的抽象观念，但其中已经包含了萌芽状态的这个思想。当他借助万物源于水的假设表达"存在物的统一"之观念时，他已经"超越了科学假设"，"越过了当时物理认识的低水准"，"越过了经验的樊篱"，因而不仅仅是一个自然科学家了。尼采指出："如果说他在这样做时虽则利用了科学和可证明之物，但立刻又越过了它们，那么，这恰恰就是哲学头脑的一个典型特征。"[2]

由此可见，在"水是万物的本原"这个命题中，泰勒斯既凭借自然科学头脑克服了神话式思维，又凭借哲学头脑超越了自然科学式思维，从而成了西方哲学之父。

尼采把泰勒斯这个最早的哲学家当作恰当的例子，来阐明哲学从一开始就具有的形而上学性质，这方面的内容前面

---

1 《希腊悲剧时代的哲学》第三章，本书第64—66页。
2 《希腊悲剧时代的哲学》第三章，本书第65页。

已述。他是在与科学的对比中阐明哲学的这种性质的，在他看来，哲学与科学的根本区别就在于，科学所依凭的是经验和逻辑，哲学则以一个"其根源深藏在某种神秘直觉之中"的"形而上信念"为动力，这就是"一切是一"的信念，这个信念推动哲学越过经验和逻辑，对万物的本原做出论断。

2. 阿那克西曼德

阿那克西曼德是泰勒斯的学生。根据文献记载，他是第一个明确使用"本原"（arche）范畴的人，也是第一个确凿无疑写了哲学著作的人。本书第四节是专论他的，对于这位哲学家，尼采着重谈了两个问题。

第一，与自己的老师不同，也与后来所有的希腊自然哲学家不同，阿那克西曼德不是把万物的本原归结为某一种或几种自然物，而是用否定的方式定义它，称之为 apeiron。这是阿那克西曼德哲学最值得注意的地方。哲学史家通常把这个概念翻译和解释为"无限者"，尼采指出这是一个误解。他把这个概念译作 das Unbestimmte，即"不确定者"，并分析了阿那克西曼德如此定义万物本原的理由。凡具备确定属性的存在物，必归于衰亡，因此不可能是事物的本原。那么，反过来，本原的不朽性和永恒性，正在于它不具备会导致它衰亡的确定的质，因而必须是不确定的。对于这个本原，从现有的生成世界里不可能给它找到一个称谓，只能用否定的方式称呼它，称为"不确定者"。"被如此命名的本原是高于生成的，因而既担保了永恒，又担保了畅通无阻的生成过程。"[1]

第二，阿那克西曼德有一段文字，被第尔斯辑为其著作残篇第一条。根据尼采此书中的德译文，这一段文字为："事物生于何处，则必按照必然性毁于何处；因为它们必遵循时间的秩序支付罚金，为其非正义性而受审判。"对于这一段文字，尼采极为重视，一面赞为"风格宏伟、勒之金石的文体"，哲学写作的楷模，一面就其内容发出如此感叹："一个真正的悲观主义者的神秘箴言，铭刻在希腊哲学界石上的神谕，我们该怎样向你解说呢？"按照他的解说，这一段文字的含义是：从作为本原的"不确定者"变为具备确定属性的存在物，从"一"变为"多"；质言之，一切生成，乃是摆脱永恒存在的非正义行为，因而必须不断通过衰亡来替自己赎罪。对于宇宙秩序，阿那克西曼德给出了一种伦理的解释，尼采对此评价甚高，他写道："阿那克西曼德已经不再是用纯粹物理学的方式处理这个世界起源的问题了。当他在既生事物的多样性中看出一堆正在赎罪的非正义性之时，他已经勇敢地抓住了最深刻的伦理问题的线团，不愧为这样做的第一个希腊人。"[2]所谓"最深刻的伦理问题"，实际上是这样一个问题：对于"多"、现象、一切存在物的毁灭，我们如何予

1　《希腊悲剧时代的哲学》第四章，本书第70页。
2　《希腊悲剧时代的哲学》第四章，本书第70—71页。

以肯定？这正是尼采的酒神精神所要解决的问题。阿那克西曼德从宇宙正义的伦理立场上予以肯定，酒神精神从宇宙艺术家的审美立场上予以肯定，二者之间已有相通之处。不过，尼采认为，正因为停留在伦理立场上，阿那克西曼德就无法回答："一般来说，不确定者如何能堕落为确定者，永恒者如何能堕落为暂时者，正义者如何能堕落为非正义者呢？"[1] 要回答这个问题，确切地说，要摆脱这个问题，就必须继续朝前走，从伦理立场走向审美立场，而完成了这决定性一步的是赫拉克利特。因此，阿那克西曼德的伦理立场是一个过渡，尼采是在这个意义上给予重视的。

3. 赫拉克利特

在古希腊哲学家中，尼采对赫拉克利特情有独钟，始终视他为哲学史上与自己亲缘关系最近的人。他在晚期著作中仍表示："我怀着崇高的敬意对赫拉克利特的英名刮目相看。"[2]

1 　《希腊悲剧时代的哲学》第四章，本书第 72 页。
2 　《偶像的黄昏》:《哲学中的"理性"》2。*Friedrich Nietzsche, Saimtliche Werke, Kritische Studienausgabe*. Herausgegeben von Giorgio Colli und Mazzino Montinari, Deutscher Taschenbuch Verlage, Minchen 1999.（《校勘研究版尼采全集》，G. 科利、M. 蒙梯纳里编，德国袖珍图书出版社，慕尼黑，1999 年），第 6 卷，第 75 页。以下引该全集缩写为 KSA。

谈及酒神哲学的渊源，他说："在我之前，没有人把酒神精神变为一种哲学激情：尚缺乏悲剧智慧——甚至在苏格拉底前两百年的希腊大哲学家身上，我也是徒劳地寻找此种智慧的征兆。唯有对于赫拉克利特，我有所保留，与他接近，我的心情比在其他任何地方更觉温暖和愉快。肯定流逝和毁灭，酒神哲学中的决定性因素，肯定矛盾和战争，生成，以及彻底否定'存在'概念——我在其中不能不认出迄今为止与我最相像的思想。"[1]

本书第五至第八节是专论赫拉克利特的，尼采此后的著作里，再没有看见对这个题目有这样系统的论述。综观这四节的内容，对于赫拉克利特哲学，尼采主要强调两个观点，第一是否定世界的二元性，主张生成是唯一的世界；第二是站在审美的立场上为生成辩护。

关于第一个观点，尼采指出，与阿那克西曼德相比较，赫拉克利特提出了两点彼此相关的否定。首先，他否定了世界的二元性，不再把存在与生成、一个物理世界与一个形而上世界、一个确定的质的领域与一个不可界说的不确定性领域彼此分开。其次，他进而否定了存在，即世界的任何持存性、不可毁坏性，除了生成，别无所有，现实的全部本质只是作用，它不具备别种存在的方式。[2]

否定了存在，把生成看作唯一的世界，便面临了如何为

1　《看哪这人》:《悲剧的诞生》3。KSA，第 6 卷，第 312—313 页。
2　参看《希腊悲剧时代的哲学》第五章，本书第 75—76 页。

生成辩护的困难任务。尼采说："永恒的唯一的生成，一切现实之物的变动不居，它们只是不断地作用和生成，却并不存在，如同赫拉克利特所教导的那样——这真是一种令人昏眩的可怖思想，其效果酷似一个人经历地震时的感觉，丧失了对坚固地面的信赖。把这种效果转化为其反面，转化为崇高和惊喜，必须拥有惊人的力量才行。赫拉克利特做到了这一点，其方法是考察一切生成和消逝的真正历程。他在两极性的形式中把握这个历程，即一种力量分化成为两种异质的、相反的、力求重归统一的活动。"也就是说，赫拉克利特是用辩证法为生成辩护的。然而，自然界同一幅对立统一的图画，在叔本华的描述中，其"基调始终与赫拉克利特相距甚远"，呈现为"意志自我碎裂为生命的证据，是这黑暗阴郁的冲动的自耗，乃是一种绝对可怕、绝非幸运的现象"。[1] 造成这种差异的原因何在呢？尼采由此开始谈论他所强调的赫拉克利特的第二个观点。

原来，据尼采说，"当赫拉克利特的想象力以一个幸福的旁观者的眼光打量不息运动的世界"时，"一种更高的感悟袭上了他的心头"，他忽然获得了一种看世界的审美眼光。赫拉克利特用这个眼光看世界，因此而看到"世界是宙斯的游戏，或者，用更接近物理学的方式表述，是火的自我游戏"。[2] "生成和消逝，建设和破坏，对之不可做任何道德评定，它们永

1　《希腊悲剧时代的哲学》第五章，本书第78页。
2　《希腊悲剧时代的哲学》第六章，本书第80页。

远同样无罪，在这世界上仅仅属于艺术家和孩子的游戏。如同孩子和艺术家在游戏一样，永恒的活火也游戏着，建设着和破坏着，毫无罪恶感——万古岁月以这游戏自娱。它把自己转化成水和土，就像一个孩子在海边堆积又毁坏沙堆。它不断重新开始这游戏。"尼采强调："只有审美的人才能这样看世界。"[1]

在《悲剧的诞生》中，我们看到尼采对赫拉克利特的思想有类似的描述：酒神现象"不断向我们显示个体世界建成而又毁掉的万古长新的游戏，如同一种原始快乐在横流直泻。在一种相似的方式中，这就像晦涩哲人赫拉克利特把创造世界的力量譬作一个儿童，他嬉戏着垒起又卸下石块，筑成又推翻沙堆"[2]。

我们不免要问一个问题：尼采所描述的真的是赫拉克利特的思想吗？由赫拉克利特关于世界既不是神也不是人所创造、而是"永恒的活火"的名句，我们可以确认，他清楚地表达了世界永远在自我创造这个伟大思想。关于把世界或"永恒的活火"譬作游戏着的儿童，在著作残篇中，我们只找到一句似乎可做根据的话："时间是一个玩色子的孩子，孩子掌握着王权！"此外，第欧根尼·拉尔修记载了一则逸事：赫拉克利特隐居在狩猎女神庙附近，和孩子们玩色子，爱非斯人挤着来看他，他骂道："无赖，有什么值得大惊小怪，这

1　《希腊悲剧时代的哲学》第七章，本书第 84 页。
2　《悲剧的诞生》24。KSA，第 1 卷，第 153 页。

岂不比和你们一起搞政治更正当吗？"尼采显然针对这则逸事评论道："在人类中间，作为一个人，赫拉克利特是令人难以置信的。甚至当他看似和蔼可亲时，例如当他观看顽童们游戏时，他所想的也绝非别人在这种场合所想的。他所想的是宇宙大顽童宙斯的游戏。"[1] 很明显，最后一句话完全是尼采的想象，而且与这则逸事的基调并不符合。

最后，尼采大声宣布："他所看到的东西，关于生成中的规律和必然中的游戏的学说，从今以后必将被永远地看到。他揭开了这部最伟大的戏剧的帷幕。"[2] "生成中的规律"，是对赫拉克利特哲学的准确概括。"必然中的游戏"，却更多的是尼采的引申和发挥。当他把"永恒的活火"和"玩色子的孩子"联系起来，借此把赫拉克利特哲学定性为一种审美世界观时，他在很大程度上是把自己的酒神哲学投射到了赫拉克利特的身上。不过，尽管如此，我们仍可承认，尼采在酝酿其酒神哲学即悲剧哲学的过程中，除了希腊悲剧艺术外，赫拉克利特哲学也是重要的思想资源。

4. 巴门尼德

本书第九至第十三节是专论巴门尼德的。巴门尼德活动

1　《希腊悲剧时代的哲学》第八章，本书第88—89页。
2　《希腊悲剧时代的哲学》第八章，本书第89页。

的年代稍晚于赫拉克利特，两人基本上是同时代人。赫拉克利特凭借直觉洞察世界只是生成，否认存在，巴门尼德凭借逻辑推断世界只是存在，否认生成，正好被尼采用作相反的典型，来阐发自己的哲学观念。尼采在哲学上的立，由酒神精神到权力意志，赫拉克利特可视为思想渊源之一。他在哲学上的破，批判以柏拉图世界二分模式为代表的传统形而上学，对巴门尼德的批判可视为一个明确的开端。因此，这两个部分的内容都值得我们重视。

尼采把巴门尼德的思想划分为前后两个时期，并把关于存在的学说划归后一时期。从留存的残篇看，巴门尼德可能只有一部诗体著作，在结构上分为"序诗""真理之路""意见之路"三个部分。[1] 从内容上看，尼采所阐述的其前期思想大致出自"意见之路"，后期思想大致出自"真理之路"。巴门尼德对于"意见之路"是明显持否定态度的，尼采把它断为巴门尼德的前期思想，不知有何依据。

按照尼采的阐述，前期巴门尼德把我们的经验世界区分为正面属性和反面属性两个部分，前者为光明、火、热等，后者为黑暗、冷、土等。二者对于生成都是必需的，它们依靠一种隐秘的性质——阿芙洛狄忒（情欲）——共同作用，便有了生成。然而，在巴门尼德看来，所谓反面属性实质上只表明了正面属性的不具备，因此，取代"正面"和"反面"

1　参看汪子嵩等著《希腊哲学史》第 1 卷，人民出版社，1988 年 1 月，第 587—588 页。

这样的表述，他使用了绝对的术语，称之为"存在"和"不存在"。[1]

从前期变为后期的标志，是"存在"学说的产生，尼采认为这应该是巴门尼德年事甚高时发生的事情。巴门尼德的"存在"学说，简单说来，就是认为生成仅是假象，存在才是世界的本质，这个彻底排除了生成的"存在"，当然就具有了不生、不灭、不动、不可分等性质，因而是真正的"一"。尼采分析，巴门尼德得出这个"存在"学说，认识论上的根源首先是否认了感官的证据。"巴门尼德断言，一切感官知觉仅仅提供错觉，其主要错觉恰恰在于它造成了一种假象，似乎不存在者也存在着，似乎生成也具有一种存在。"[2]既然感官只提供错觉，那么，为了保证思维的正确，就必须把它与感官及整个经验世界完全隔绝。"在巴门尼德看来，我们的思维材料完全不是来自观察，而是来自别的什么地方，来自一个非感性世界，我们通过思维可以直接进入这个世界。"于是，思维被设想成了"一个直达事物本质和不依赖于经验的认识器官"。[3]进一步分析，思维的这种奇特能力，原来就是逻辑，甚至只是同一律。"事实上，同义反复 A=A 乃是我们一向报以绝对信任的唯一认识形式，否认它无异于疯狂。正是这个同义反复的认识无情地向他呼喊：不存在的东西不存在！存在

1　《希腊悲剧时代的哲学》第九章，本书第93页。

2　《希腊悲剧时代的哲学》第十章，本书第99—100页。

3　《希腊悲剧时代的哲学》第十一章，本书第102页。

的东西存在！"[1]巴门尼德如此推理：我们只能够思考存在，不能够思考不存在，所以只有"存在"存在，所以"存在"是真正的"一"。

巴门尼德依靠逻辑得出了作为世界之本质的"存在"，当尼采对之进行批驳时，我们发现，他是把康德哲学当作根据的。不管尼采后来怎样批判康德，他在起步时是受了康德哲学的洗礼的，逻辑形式不能触及事物本质已成为他的坚定认识。"真理的纯粹逻辑标准，正如康德所教导的，即一种认识同普遍的、形式的知性及理性法则的一致，虽然是一切真理的先决条件，因而是一切真理的消极前提，但是，逻辑无能再前进一步，它不能检验和揭露涉及内容而非形式的错误。"逻辑仅是真理的形式条件，不涉及内容。"存在"与"不存在"的关系，如果没有与之对应的确定现实，就只是"空洞的逻辑真理"和"概念游戏"，事实上没有任何东西被认识到。"词只是事物彼此之间以及事物和我们之间的关系的符号，毫不涉及任何绝对真理。"比如"存在"（"是"）这个词，正和"不存在"（"不是"）这个词一样，"仅仅标志一种联结万物的最一般关系"，"我们凭借词和概念绝不能逾越关系之墙，进入事物的某种神奇的始基（Urgrund）"。[2]巴门尼德的全部论证是从一个完全不可证明的前提出发的，"这前提便是：似乎我们在那种概念能力中已经拥有决定存在与不存在，即决定客

1　《希腊悲剧时代的哲学》第十章，本书第97页。
2　《希腊悲剧时代的哲学》第十一章，本书第103页。

观实在与非客观实在的最高标准了"。[1]

巴门尼德割裂感性和理性，凭借概念断言世界的本质，这种做法在哲学史上影响深远。尼采指出："这样一种全然错误的割裂，尤其自柏拉图以来，如同一种诅咒一样加于哲学身上。"[2]"在巴门尼德的哲学中，奏响着本体论的序曲。"[3]他的"存在"学说"把前苏格拉底思想分成了两半，前一半可以称作阿那克西曼德时期，后一半可以直接称作巴门尼德时期"。[4]在尼采看来，欧洲传统形而上学的错误路径，柏拉图的世界二分模式，正肇始于巴门尼德。比起柏拉图来，巴门尼德甚至有过之而无不及。尼采一再谴责道：巴门尼德的"存在"是一种"最纯粹的、不被任何现实污染的、完全没有血肉的抽象"[5]；按照这种"存在"学说，"真理只应居住在最苍白、最抽象的一般之中，居住在最无规定性的词的空壳之中"[6]。论者通常把色诺芬尼的一神说看作巴门尼德的唯一存在说的思想来源，尼采指出二者有根本的不同，前者是一个宗教神秘主义者在幻境中看到的神秘的"一"，后者是一个逻辑狂靠推理得出的抽象的"一"。[7]与柏拉图比较，如果说两人都是逃避现

1　《希腊悲剧时代的哲学》第十二章，本书第 107 页。

2　《希腊悲剧时代的哲学》第十章，本书第 99—100 页。

3　《希腊悲剧时代的哲学》第十一章，本书第 102 页。

4　《希腊悲剧时代的哲学》第九章，本书第 90 页。

5　《希腊悲剧时代的哲学》第九章，本书第 90 页。

6　《希腊悲剧时代的哲学》第十章，本书第 100 页。

7　参看《希腊悲剧时代的哲学》第十章，本书第 95—97 页。

实，则柏拉图是"逃入永恒理念的国度，创世者的工场，以求放眼于事物的纯洁完满的原型"，巴门尼德却是出自"一种追求可靠性的可怕冲动"，只要"唯一的、贫乏的、空洞的可靠性"，为此"逃入最冷漠空洞的'存在'概念那死亡般的寂静之中"，"特别之处正在于没有芳香、色彩、灵魂、形式，完全缺乏血肉、宗教精神、道德热情，一种抽象化、公式化特征"。[1] 尼采觉得最可怪异的是，这样一个完全非希腊性质的现象，竟然会出现在希腊悲剧时代的一个希腊人身上。

综上所述，我们可以看到，在本书中，尼采已经异常明确地批判了理性依靠逻辑把握世界本质这样一种传统形而上学路径。如果说巴门尼德哲学为这样的"本体论"奏响了序曲，那么，在他看来，康德哲学业已为之敲响了丧钟。他指出："如果说，在巴门尼德的时代，对理智的批判还很粗浅幼稚，因而他可以想象由永远主观的概念达于自在的存在，那么，今天，按照康德的看法，下述做法却是一种狂妄无知：许多地方，尤其是在那些想扮演哲学家的半吊子神学家中间，'有意识地把握绝对'被树为哲学的使命。"[2]

尼采既然把"一切是一"的"形而上学信念"看作哲学的动力，他当然并不反对哲学对世界做某种总体描述。关键在于，如何在肯定感官证据的前提下进行这种总体描述，使"一"包容"多"而不是否定"多"，把生成和存在统一起来。

---

1 《希腊悲剧时代的哲学》第十一章，本书第101—102页。
2 《希腊悲剧时代的哲学》第十一章，本书第103—104页。

通过对巴门尼德的批判，他提出了自己对世界的总体描述：

"……如果我们捍卫所谓生成，变化，我们这个多样化的、生生不息的、丰富多彩的生存舞台，使之不遭到巴门尼德式的唾弃，那么，我们就必须把这个变动不居的世界描述为如此真实存在着的，同时又实存于整个永恒之中的实体（die Wesenheiten）的总和……对于这个世界的每个瞬间，哪怕随意选取相隔千万年的瞬间，我们都必定可以说：其中一切既有的、真正的实体，全都是同时存在于此，不变不灭，不增不减的。一千年后它们依然如故，丝毫不变。如果说，尽管如此，世界看起来仍然时刻都不同，那么，这不是欺骗，也不只是假象，而是永恒运动的结果。真正的存在者是时而这样、时而那样地运动着的，它们彼此间时而靠近，时而分离；时而向上，时而向下；时而结合，时而散开。"[1]

在这个描述中，贯穿着一种努力，就是既要捍卫生成，又要担保一切生成之物在某种意义上的永恒存在，也就是尼采后来所说的"给生成打上存在性质的印记"[2]。晚期尼采把世界描述为永恒回归的权力意志，其中有这样的语句："一种总量守恒的力，不增不减，不自我消耗，而只是改变形态，作为整体大小不变，一份既无支出和亏损，也无增益和收入的家当……作为力和力浪的游戏既一亦多，此起彼伏，一个蕴含奔腾泛滥的力的海洋，永远自我变形，永远回流，无穷岁

1　《希腊悲剧时代的哲学》第十三章，本书第 111 页。
2　《权力意志》617。WM，第 419 页。

月的轮回，其形态如潮汐涨落，从最简单的涌向最复杂的，从最平静、最呆滞、最冷淡的涌向最灼热、最狂野、最自相矛盾的，然后又从丰富回归到简单，从矛盾的嬉戏回归到和谐的愉悦，在其道途和岁月的这种千篇一律中仍然自己肯定自己，自己祝福自己是必定永恒回归的东西，是不知满足、不知厌倦、不知疲劳的生成……"[1] 两相对照，我们可以发现，其间的基本精神相当一致，思想发展的脉络清晰可辨。

5. 阿那克萨哥拉

　　这部未完成稿的最后几节，即第十四至十九节，是用来阐释阿那克萨哥拉哲学的。尼采认为，巴门尼德的存在学说影响巨大，使得在他之后的哲学家都否认生成和消逝的可能性，阿那克萨哥拉也不例外。但是，作为一个杰出的早期自然科学家，阿那克萨哥拉不可能像巴门尼德那样，为了维护不生不灭的存在而否认感官所提供的证据，宣布变动不居的现象世界仅是假象和欺骗。在接受存在不生不灭这个原理的前提下，如何解释经验世界中"多"（万物）和"变"（运动）的来源？这便是阿那克萨哥拉要解决的问题。

　　对于"多"的来源，阿那克萨哥拉用无数的基质来解释。在他之前的自然哲学理论都用"一"解释"多"，把一种元素

1　《权力意志》1067。WM，第 696 页。

确定为万物由之生成的母腹和始因，例如水、气、火或者阿那克西曼德的"不确定者"。阿那克萨哥拉则依据存在不生不灭的原理主张，从某一种东西中绝不能产生出与之不同的东西，"多"绝不能来自"一"。那么，由此只能得出结论："多"必定是从来就有的，无数的基质本身就是不生不灭的存在。"前代的学者试图简化生成问题，其方法是提出一种基质，它孕育着全部生成的可能性。现在，说法相反了：有无数的基质，但它们绝不增多、减少或更新。"[1]

与此相关联的是阿那克萨哥拉的"种子"说。阿那克萨哥拉认为，世界的原始存在是"混沌"，其中包含着无数无限小的微粒即"种子"（spermata seeds），"种子"的组合和分离形成了宇宙万物。"种子"与基质是什么关系？亚里士多德把"种子"称作"同类部分"（homoeomeries），这种说法被长期沿用，尼采最早对此进行了澄清。他指出，阿那克萨哥拉的"种子"本身已是无数基质的混合。"不同基质的混合乃是事物结构的更早形式，在时间上先于一切生成和运动……原初的混合必定是完全的混合，也就是说，哪怕无限小的微粒也已经是不同基质的混合了，因为摆脱混合要耗费无限的时间。"因此，"如果把所有这些点、这些'事物的种子'的原初混合等同于阿那克西曼德的原初质料，那就大错特错了。因为，后者即所谓'不确定者'是一种绝对单一的同质粒子，

1　《希腊悲剧时代的哲学》第十四章。本书第 113—114 页。

而前者则是不同质料的聚合体。"[1] 这样，在阿那克萨哥拉的世界结构图中，第一级的存在是基质，它们在种类上是无限的，每一种都具有未被说明也显然无法说明的特殊的质；第二级的存在是"种子"，它们在种类上也是无限的，每一种在自身中都混合了一切基质，因占据优势的基质而呈现出各自特殊的形态，例如血、肌肉、骨头的种子或者叶、茎、果实的种子等等；第三级的存在便是由"种子"组合成的具体事物，例如由血、肌肉、骨头的种子组合成血、肌肉、骨头，再由血、肌肉、骨头组合成动物的身体。凭借这样一种把"多"本体化的理论，他得以避免了从"一"推导出"多"的难题。

但是，在确定了"多"即无数基质的本体地位之后，阿那克萨哥拉面临了另一个难题：绝对异类的东西之间不可能发生任何一种作用，那么，运动如何可能？他的回答是：不同基质对空间的争夺即互相碰撞导致了一切变化。尼采指出，对运动的这种解释是违背阿那克萨哥拉所设定的基质的绝对存在性质的，不同基质都占据空间，拥有物质，因而并非真正的不同基质，即无条件的自在的存在者。"那些完全隔绝的、彻头彻尾不同的、永远不变的基质，终究没有被想成是绝对不同的；在独一无二的、完全特殊的质之外，它们终究都具有一种完全相同的基础，一块占据空间的物质。在分有物质这一点上，它们都是一样的，因而能互相作用，即互相

---

1 《希腊悲剧时代的哲学》第十六章，本书第124—125页。

碰撞。"[1]

我们且放过尼采所指出的阿那克萨哥拉的机械运动假设中的这个"逻辑错误",进而考察涉及运动的一个更重要的问题。按照阿那克萨哥拉的"种子"说,世界的原始存在是"混沌",即一切基质完全混合的静止状态。为了使运动得以开始,必须有一个力量来打破这种混沌。这个力量是什么?阿那克萨哥拉的回答是"努斯"(nous)。他所描述的宇宙图景包括两个部分:首先是"努斯"发动了最初的旋涡运动,使万物分离,赋予世界以秩序;然后是万物遵循机械的法则,通过互相碰撞而不断重新组合和分离,于是运动得以延续。

"努斯",相当于心灵(mind),是一种具有精神性能力的特殊基质。"万物混合,有'努斯'出,赋予它们以秩序。"据第欧根尼·拉尔修记载,这是阿那克萨哥拉一篇风格高贵的论文的开头,他因此赞扬阿那克萨哥拉是把心灵置于质料之上的第一人。[2]"努斯"说历来受哲学史家的重视,人们认为,在物质性的基质之外,提出精神性的"努斯"也是本原,而且是更高的本原,是万物安排有序的原因,这是阿那克萨哥拉的重大贡献。然而,对于"努斯"的含义,却需仔细辨析。

"努斯"凭借一种精神性能力支配万物,这种能力是什么?通常的看法是,这种能力是理性。这种看法在阿那克萨

1　《希腊悲剧时代的哲学》第十四章,本书第 116 页。
2　《名哲言行录》,吉林人民出版社,2003 年,第 87 页。

哥拉的著作残篇中可以找到一定根据，例如他说："努斯"拥有关于一切事物的所有知识，具有最大的能力。把"努斯"定性为理性能力，其必然结论是把整个宇宙秩序说成是理性设计的产物，而这正是柏拉图以来西方哲学的主导观点。苏格拉底、柏拉图、亚里士多德显然是这样理解"努斯"的，因此，当他们看到阿那克萨哥拉后来却用机械原因解释运动，而没有把理性的支配作用贯彻到底之时，就都表示了失望。

尼采拒绝对阿那克萨哥拉哲学做出理性主义的解释。关于"努斯"，他强调的是阿那克萨哥拉著作残篇中的另一些描述：单纯，精致，自我同质，独立存在，永远不和任何别的事物相混合，所以不受别的事物妨碍，能够支配别的事物。这些特点都是物质性的，但是，在尼采看来，"努斯"原本就是一种特殊的物质，"一种自我运动并且使他物运动的基质"[1]。正是从这些物质性的特点中，产生了"努斯"的精神性能力，一方面在自我分裂和聚合时能够"保有万古不变的量和质"，另一方面"可以任意把握别的基质，随心所欲地推动和移动它们，简言之，支配它们"。[2]

按照尼采的推测，阿那克萨哥拉之所以要提出"努斯"这个概念，恰恰是为了反对理性主义的目的论的。他说："如果指责阿那克萨哥拉犯了经常发生在目的论者身上的那种思想混乱，那就错了。目的论者惊愕于异乎寻常的合目的性，

1　《希腊悲剧时代的哲学》第十五章，本书第 120 页。
2　《希腊悲剧时代的哲学》第十六章，本书第 126 页。

以及部分与整体之间的协调一致，尤其是在有机体身上的协调一致，于是假定，凡是为理智存在的东西，也必定通过理智产生，凡是他在目的概念引导下获得的东西，在自然界中也必定通过思考和目的概念得以形成。在阿那克萨哥拉看来，恰好相反，事物的秩序和合目的性仅仅是一种盲目的机械运动的产物。而且，仅仅为了能够开始这种运动，为了在某个时刻摆脱混沌的死寂，阿那克萨哥拉才假设了为所欲为、自主自决的'努斯'。他所珍视的正是'努斯'的这一特性：随心所欲，既不受原因支配，也不受目的支配，可以无条件地、不受限定地发生作用。"[1]总之，无论是"努斯"发动的原始运动，还是后续的机械运动，都不关理性什么事。

那么，"努斯"为什么要发动原始运动，并且偏偏要在那个瞬间发动呢？"'努斯'那时究竟突然发生了什么事，以至于要去撞击无数个点中的任意一个物质小点，使之旋转起舞，而为何以前没有发生这事？"尼采问道，然后替阿那克萨哥拉如此回答："'努斯'有为所欲为的特权，它可以一下子随意开始，它只依赖于自己，而其他万物则是由外在因素决定的。它没有义务，因而也没有它不得不去追求的目的。如果它有一回开始了那个运动，为自己设立了一个目的，那也只是——这个答案太难，得由赫拉克利特来说完它——一种游戏。"[2]原始运动是"努斯"的"自由意志"的无目的的行为，而

1　《希腊悲剧时代的哲学》第十九章，本书第136页。
2　《希腊悲剧时代的哲学》第十九章，本书第132页。

这个"自由意志"的性质则"类似于孩子游戏或艺术家创作时的游戏冲动"。[1]

现在答案更明白了:"努斯"所具有的精神性能力不是理性,而是非理性的"自由意志"、游戏冲动、艺术冲动。这个答案符合阿那克萨哥拉的原意吗?天知道。我们只知道,尼采借此表达了自己对于希腊精神的理解,如同赫拉克利特一样,他把阿那克萨哥拉也纳入了他所崇尚的希腊精神的谱系之中了。

1　《希腊悲剧时代的哲学》第十九章,本书第136页。

四、简短的小结

从尼采本人思想生长的角度看,在这部未完成著作中,最值得注意的是以下观点:

一、哲学是生活方式而非知识。哲学的使命是价值性质的,即关切生命的意义,使人活得伟大,为此须约束盲目的求知欲。在这方面,希腊人是典范。

二、对生命意义的关切要求对世界的整体解释,因此必然导向形而上学,即"一切是一"("存在物的统一")之信念。但是,这个信念的根源深藏在某种神秘直觉之中,不是可以用逻辑把握的抽象概念。

三、在对世界进行整体解释时,为了肯定生命,必须肯定感官的证据,肯定生成。因此,尼采旗帜鲜明地批判了巴门尼德的存在学说,支持了赫拉克利特的生成学说。世界统一于生成而非存在。

四、用审美的眼光为生成辩护,世界是宇宙艺术家的游戏。

2004 年 11 月

希腊悲剧时代的哲学 [1]

1 *Die Philosophie im tragischen Zeitalter der Griechen.* 写于 1873
年，尼采生前未出版。原载《校勘研究版尼采全集》第 1 卷。原
文各节只有序号，标题和内容提要为译者所加。

原序一

　　对于离远的人物，我们只要知道他们的目的，便足以笼统地臧否他们了。对于靠近的人物，我们则依据他们实现其目的的手段来做判断；我们常常反对其目的，却因为其实现目的的手段和方式而喜欢他们。哲学体系仅在它们的创立者眼里才是完全正确的，在一切后来的哲学家眼里往往是一大谬误，在平庸之辈眼里则是谬误和真理的杂烩。然而，无论如何，它们归根到底是谬误，因此必遭否弃。有许多人反对所有哲学家，因为哲学家的目的和他们自己的迥异，哲学家离他们太远。相反，谁若喜欢伟大的人，他就会喜欢这样的体系，哪怕它们也是十足的谬误：它们毕竟包含着一个完全不可驳倒的因素，一种个人的情绪、色彩，人们可以据之复现哲学家的形象，就像可以由某地的植物推知土壤性质一样。生活**方式**和为人处世方式无论如何是一度实存过的，因而是可能的。"体系"，或者至少"体系"的一部分，乃是这片土壤上的植物……

　　我将概述那些哲学家的历史，我想在每个体系中仅仅提取某一点，它是**个性**的一个片段，因而是历史理应加以保存的那种不容反驳、不容争辩的东西。这是一个起点，其目标是通过比较来重获和再造那些天性，让希腊天性的复调音乐有朝一日再度响起。任务是阐明我们必定**永远喜爱**和**敬重**的东西，后来的认识不能从我们心中夺走的东西，那就是伟大的人。

原序二

这一阐述远古希腊哲学家史的尝试，以其简短而有别于类似的尝试。其方法是对于每个哲学家只论及他的极少数学说，也就是不刻意求全。不过，在所择取的学说中，哲学家的个性有着最强烈的显现。相反，像许多小册子通常所做的那样，尽其可能地如数列举流传下来的全部原理，势必会埋没那些个性的东西。这样，陈述就会变得如此乏味。因为，在种种被驳倒的体系中，恰好只有个性的东西能够吸引我们，那是永远不可驳倒的东西。用三件逸事可以勾画一个人的形象，我试着从每个体系中提取三件逸事而舍弃其余的。

一、希腊人与哲学

唯有一个民族的健康能赋予哲学以充足权利。作为真正的健康人，希腊人为哲学做了一劳永逸的辩护。他们为了生活，而不是为了博学从事哲学，创造了典型的哲学头脑。

世上有一些反对哲学的人，他们的话不妨一听，尤其当他们奉劝德国人的病态头脑应该拒斥形而上学，而代之以歌德那样借体魄而获得净化，或者像瓦格纳那样借音乐获得圣化之时，更是如此。民族的良医唾弃哲学；因此，谁想替哲学辩护，他就应当指出，一个健康的民族为何需要并且确已运用了哲学。如果他能够指出这一点，那么，也许连病人也会获得一种教益，懂得哲学为何恰恰对于他们是有害的。诚然，完全不要哲学，或者对哲学只有极其浅薄的、几乎是儿戏般的运用，却依然能够健康，在这方面不乏令人信服的例子，全盛时期的罗马人就是这样无须哲学而生活的。但是，一个病弱的民族借哲学重获失去了的健康，这样的例子又在哪里？如果说哲学果真显示过其助益、拯救、预防的作用，那也是在健康人身上，对于病人，它只会令其愈益病弱。如果一个民族业已分崩离析，同其个体业已处在尖锐的紧张关系之中，那么，哲学从来不曾使这些个体与整体重结亲密联盟。如果一个人甘愿遗世独立，在自己周围筑起自足的篱笆，那么，哲学总是准备好使他更加孤立，并且用这孤立把他毁灭。哲学在它缺乏充足权利的地方，是危险的，而能赋予它充足权利的，唯有一个民族（但不是每个民族）的健康而已。

现在我们来考察一个最有说服力的例子，它表明在一个民族身上什么东西可以称作健康。希腊人，作为真正的健康人，他们从事哲学，而且较诸其他任何民族用功得多，以此为哲学做了一劳永逸的辩护。他们未能适时而止，甚至到了风烛残年，他们的举止仍然像是哲学的热血弟子，尽管这时他们已经只把哲学看成对基督教教条的虔诚的烦琐考证和神圣的琐屑论争了。由于他们未能适时而止，便大大削弱了他们对于壮蛮后代的贡献，使之正值桀骜不驯的青春年华，却不得不被那人工编结的网罟缠住。

另一方面呢，希腊人倒懂得适时而始，并且比其他任何民族更为明确地演示了，何时需要开始从事哲学。也就是说，不是等到悲苦之时，像某些从郁闷心境中推演哲学的人所臆断的那样，而是在幸福之时，在成熟的成年期，从勇敢常胜的男子气概的兴高采烈中迸发出来。希腊人在这样的时期从事哲学，这一点恰好启发我们理解哲学是什么，哲学应该是什么，就像启发我们理解希腊人本身是什么一样。如果像我们今天那些有学问的市侩所想象的，当年果真有过如此淡泊睿智的实践家和乐天派，或者像无知的空想家所津津乐道的那样，他们果真沉湎于声色犬马，那么，哲学的源头就绝不会在他们身上得以昭示。他们身上最多只有顷刻流失的沙滩或蒸发成雾的小溪，绝不会再有翻涌着骄傲浪花的波澜壮阔的江河，而在我们眼里，希腊哲学正是这样的江河。

人们已经不厌其烦地指出过，希腊人多么善于在东方异国发现和学习，他们也确实从那里接受了许多东西。然而，倘若人们把来自东方的所谓老师和来自希腊的可能的学生摆放到一起，例如，把琐罗亚斯德[1]与赫拉克利特[2]并列，把印度人与埃利亚学派[3]并列，把埃及人与恩培多克勒[4]并列，甚或把阿那克萨哥拉[5]置于犹太人中间，把毕达哥拉斯[6]置于中国人中

1　琐罗亚斯德（Zoroaster，约公元前628—约公元前551），创立琐罗亚斯德教，是伊斯兰教出现前古代伊朗的主要宗教。古代波斯语中，其名为Zarathustra（查拉图斯特拉），尼采后来借此形象著《查拉图斯特拉如是说》。

2　赫拉克利特（Heraclitus，约公元前540—约公元前480），以弗所人，尼采最钟爱的古希腊哲学家。

3　埃利亚（Elea）为意大利古代城市，由希腊移民建立，哲学家巴门尼德和芝诺诞生于此，所创立的学派史称埃利亚学派。

4　恩培多克勒（Empedocles，约公元前495—约公元前435），西西里岛阿克拉伽人，古希腊哲学家，其生平富有传奇色彩。

5　阿那克萨哥拉（Anaxagoras，约公元前500—约公元前428），出生于克拉佐美尼，古希腊哲学家，居住雅典30年，是政治家伯里克利的好友，因被控不敬神而遭驱逐，晚年隐居于兰萨库斯。

6　毕达哥拉斯（Pythagoras，约公元前580—约公元前500），萨摩斯人，古希腊哲学家、数学家及毕达哥拉斯学派创始人。

间，那实在是一个奇观。就具体事例而论，这样并列说明不了什么问题。不过，只要人们不拿下面这样的推论来折磨我们，说什么由此可见哲学只是从外面输入希腊的，而不是在希腊本土自然生长的，甚至说什么哲学这个外来的东西对希腊人的祸害远远超过对他们的裨益，那么，我们尚可忍受上述全部想法。怀疑希腊人只有一种本土文化，这真是愚不可及。毋宁说，他们汲取了其他民族的一切活着的文化，而他们之所以走得如此远，正是因为他们善于从其他民族搁下标枪的地方继续投出标枪。他们精通学习之道，善于卓有成效地学习，着实令人赞叹。我们正应当像他们那样，为了生活，而不是为了博学，向我们的邻居学习，把一切学到的东西用作支撑，借助它们更上一层楼，比邻居攀登得更高。追寻哲学的开端根本是没有意义的，因为无论何处，开端都是粗糙、原始、空洞、丑陋的。无论什么事物，都只有较高的阶段才值得重视。谁要是因为埃及哲学和波斯哲学也许"更本原"，确实更古老，便宁愿去研究这些哲学而不是希腊哲学，他就恰好和某些人一样鲁莽不智。那些人对如此美好深刻的希腊神话不放心，除非有一天他们能把希腊神话追溯到它的最开端，即诸如太阳、闪电、暴雨、雾气之类的物理细节。他们还自以为在天真的印欧语系民族对天穹的迷信中重新发现了一种宗教形式，要比希腊多神教更加纯粹。无论何处，通往开端之路必通往野蛮。谁若和希腊人打交道，他就应该时时牢记，不受约束的求知欲如同对知识的仇恨一样必定会导人入于野蛮，而希腊人则凭借对生命的关切，凭借一种理想上的生命需要，约束了他们的原本贪得无厌的求知欲——因为他们想立即经历他们所学到的东西。希腊人在从事哲学时也是作为有文化的人，为着文化的目的，所以，他们能摆脱任何夜郎自大的心理，不是去重新创造哲学和科学的元素，而是立刻致力于充实、提高、扬弃、净化这些引进的元素，他们因此而在一个更高的意义上和一个更纯粹的范围内成了创造者。也就是说，他们创造了**典型的哲学头脑**，而后来的一切世代在这方面不再有任何实质性的创造了。

面对古希腊大师泰勒斯[1]、阿那克西曼德[2]、赫拉克利特、巴门尼德[3]、阿那克萨哥拉、恩培多克勒、德谟克利特[4]、苏格拉底这样一个惊人理想化的哲学群体，每个民族都会自惭形秽。所有这些人是一个整体，是用一块巨石凿出的群像。在他们的思想和性格中贯穿着严格的必然性。他们没有任何常规可循，因为当时哲学和学术都不成其为行业。他们都处在卓绝的孤独中，当时唯有他们是只为认知而生活的。他们都拥有古代人的道德力量，借此他们胜过一切后人，这种力量推动

1　泰勒斯（Thales，鼎盛年约公元前 585 年前后），米利都人，古希腊最早的哲学家。

2　阿那克西曼德（Anaximander，公元前 610—公元前 546），米利都人，古希腊哲学家。

3　巴门尼德（Parmenides，约生于公元前 515），埃利亚人，古希腊哲学家，创立埃利亚学派。

4　德谟克利特（Democritus，约公元前 460—约公元前 370），出生地可能是色雷斯阿夫季拉，古希腊哲学家，据传著作达 73 种，仅留存若干片断。

他们发现他们自己的形式，并通过变形进一步塑造使之达于尽善尽美。他们遇不到任何现成的模式可助他们一臂之力，以减轻他们的困难。所以，他们就共同来造就叔本华在和学者共和国相对立的意义上称之为天才共和国的东西：一个巨人越过岁月的鸿沟向另一个巨人发出呼唤，不理睬在他们脚下爬行的侏儒的放肆喧嚣，延续着崇高的精神对话。

关于这场崇高的精神对话，我准备讲一点我们现代的重听症也许能够从中听懂的东西，其数量当然微乎其微。在我看来，从泰勒斯到苏格拉底，这些古代哲人在这场对话中已经触及了我们要考察的构成典型希腊精神的一切东西，尽管是在最概括的形式中触及的。在他们的对话中，就像在他们的个性中一样，他们也表现了希腊创造力的伟大特征，而整部希腊史乃是这些特征的朦胧印迹，是它们的含混不清的摹本。如果我们正确地解释希腊民族的全部生活，我们就始终会发现同一个形象的反映，这个形象在希腊民族的最高天才身上闪射着异彩。希腊土地上最早的哲学经验，即对"七哲人"的认可，已经给希腊人的形象勾画了令人难忘的清晰轮廓。其他民族出圣徒，希腊出哲人。有人说得对，要给一个民族定性，与其看它有些什么伟大人物，不如看它是以什么方式认定和推崇这些伟大人物的。在别的时代、别的地方，哲学家是处在最敌对环境中的偶然的、孤独的漫游者，他们不是隐姓埋名，就是孤军奋战。只有在希腊人那里，哲学家才不是偶然的。他们出现在公元前 6 至公元前 5 世纪，被世俗化的巨大危险和诱惑所包围，仿佛迈着庄重的步伐走出特罗弗纽斯（Trophonios）洞穴，进入希腊殖民地的繁荣、贪婪、奢华和纵欲之中。我们或可揣测，当此之时，他们是作为警告者来临的，他们所怀抱的正是悲剧在当时为之诞生的那同一个目的，也是俄耳甫斯[1]秘仪在其祭礼的怪诞象形文字中所暗示的那同一个目的。这些哲学家对于生命和存在所作的判断，其内涵要比任何一个现代判断多得多，因为他们面对着一种完满的生命，他们不像我们这样，思想家的情感被追求生命的自由、美、伟大的愿望与求索真理（它只问：生命究竟有何价值？）的冲动二者之间的分裂弄得迷离失措。对于处在一种按照统一风格形成的现实文化之中的哲学家所要完成的任务，由于我们不具备这样的文化，因而从我们的状态和经验出发是无法猜度的。只有一种像希腊文化那样的文化，才能回答这个哲学家任务的问题，只有它才能像我说过的那样为哲学辩护，因为只有它才懂得并且能够证明，哲学家为何和如何不是一个偶然的、随意的、萍踪无定的漫游者。有一种铁的必然性把哲学家维系在真正的文化上。然而，倘若这种文化并不存在，又怎么办呢？在幸运的情形下，即使哲学家作为太阳系的一颗明星发光，他仍是一颗吉凶未卜、令人惊恐的彗星。只有在希腊人那里，他才不是彗星；所以——希腊人能够为哲学家辩护。

1　俄耳甫斯（Orpheus），传说中色雷斯的音乐和诗歌天才，善弹竖琴，他的琴声使得当时的人们拜他为神，野兽因之驯服，木石因之移动。以他命名的秘仪在古代欧亚地区流传甚广。

二、哲学与文化

一个时代如果没有文化，即贯穿其生活的统一风格，它就根本不会懂得拿哲学来做正确的事。现代哲学都是政治性的和警察式的，都被政府、教会、学院、习俗、时尚以及人的怯懦束缚在学术的表面。

根据上述考察，如果我把柏拉图之前的哲学家看作一个统一的群体，并且打算在这部著作里对他们做专门论述，这应当可以被心平气和地接受了。柏拉图开始了某种全新的东西；或者，可以同样正确地说，较诸从泰勒斯到苏格拉底的那个天才共和国，柏拉图以来的哲学家们缺少了某种本质的东西。谁若心怀妒意，他在表达自己对于那些古代大师的想法时，不妨称他们为片面的人，而称以柏拉图为首的他们的不肖子孙为全面的人。但把后者理解为哲学上的混合性格，把前者理解为纯粹的典型，也许更加公平合理。柏拉图本人是最早一个杰出的混合性格，无论在他的哲学中，还是在他的个性中，这种性格都表现得同样充分。他的理念论结合了苏格拉底、毕达哥拉斯和赫拉克利特的因素，所以不是一种典型的、纯粹的现象。作为一个人，柏拉图也混合了这三个人的特征，兼有赫拉克利特的帝王式的孤僻和知足，毕达哥拉斯的抑郁的恻隐之心和立法癖好，辩证法大师苏格拉底的谙熟人心。所有后来的哲学家都是这样的混合性格；他们身上即使冒出某种片面的东西，例如在犬儒学派[1]身上，那也不是典型，而是一种讽刺。更重要得多的是，他们是宗派的建立者，他们所建立的宗派全都与希腊文化及其迄今为止的统一风格相对立。他们按照他们的方式寻求拯救，然而只是为了个别人，或者，最多只是为了朋友和门徒的小圈子。古代哲学家的活动却是为了整体的康复和净化，尽管这在他们是无意识的。希腊文化的有力进程要畅通无阻，它的前进路上的可怕险情要排除，哲学家为此守护和保卫着自己的家园。但其后，自柏拉图以来，哲学家却遭流放，背离了自己的父母之邦。

那些古代哲学大师的著作流传到我们手中，只剩下如此可怜的残篇，所有完整的作品均已散失，这是一个真正的不幸。由于作品的散失，我们不由自主地用错误的标准来衡量这些大师。柏拉图和亚里士多德的著作从来不乏评论者和抄写者，这样一个纯属偶然的事实使我们先入为主地冷落了他

1　犬儒学派，希腊哲学学派，活动时期从公元前4世纪到基督教时期。创始人为苏格拉底的门徒安提西尼，第欧根尼是该学派最著名代表。

们的前人。有些人认为书籍有它的命数，有 fatum libellorum（书的命运）。真是如此，这命数想必是充满恶意的，它竟认为最好从我们手中夺走赫拉克利特、恩培多克勒的奇妙诗篇，德谟克利特的作品（古人把他和柏拉图并提，他在创造力方面还要高出柏拉图一筹），而作为替代，却把斯多葛派[1]、伊壁鸠鲁派[2]和西塞罗[3]塞给我们。我们觉得，希腊思想及其文字表述的最辉煌部分多半是会失落的，这是一种命运，我们只要记起司各图斯·埃里金纳[4]或者帕斯卡尔[5]的厄运，只要想一想甚至在开明的本世纪，叔本华的《作为意志和表象的世界》第一版也不得不变成一堆废纸，对之就不会感到惊讶了。如果有人要为这类事情设定一种特有的宿命力量，那么他可以这样做，并且和歌德一同说："谁也不能抱怨平庸卑下，因为

1　斯多葛派，古希腊罗马时期的重要哲学流派，其义为廊柱学派，因该学派经常在廊柱下活动而得名。创始人为季蒂昂的芝诺（Zeno，约公元前 336—约公元前 265），兴盛于古罗马，著名人物有塞涅卡、爱比克泰德、马可·奥勒留。

2　伊壁鸠鲁（Epicurus，公元前 341—公元前 270），萨摩斯人，古希腊哲学家，创立注重单纯的快乐的伦理哲学，其学派一直存在到公元 4 世纪。

3　西塞罗（Cicero，公元前 106—公元前 43），古罗马政治、演说家、作家、古典学者。

4　司各图斯·埃里金纳（Scotus Erigena，约 810—约 877），生于爱尔兰，基督教神学家、翻译家和古书评论家，其著作《论自然的区分》有泛神论倾向，受到教会谴责。

5　帕斯卡尔（Pascal，1623—1662），法国数学家、哲学家，传世之作为《致外省人信札》和《思想录》。

不管人们对你怎么说，它终归是强有力的。"它尤其要比真理的力量强大。人类难得产生一本好书，书中自由无畏地奏响真理的战歌和哲学英雄主义之歌。然而，这本书是百年长存，还是化作尘土，往往取决于微不足道的机遇，头脑的突然发昏，迷信的骚动和厌恶，最后，还取决于那些负责抄写的懒惰的或是痉挛的手指，甚至取决于蠹虫和雨天。但是，我们无意抱怨，我们宁愿听取哈曼[1]针对那些为佚著悲叹的学者们而发的搪塞安慰之语："有个艺人用扁豆穿针眼，一桶扁豆不够他练习他所获得的技艺吗？这个问题可以向所有学者提出，他们在使用古人著作方面，并不比那个艺人使用扁豆来得高明。"在我们的场合还可以补充说，我们的所需并不超过实际流传下来的文字、逸事、年代，我们甚至只需要少得多的材料就可以确证希腊人曾为哲学辩护这个一般论点了。

一个时代，如果它苦于只有所谓普及教育，却没有文化，即没有贯穿其生活的统一风格，那么，它就根本不会懂得拿哲学来做什么正确的事。当哲学被真理的守护神本身在大街和市场上宣告出来的时候，就尤其如此。在这样一个时代，哲学毋宁说始终只是孤独的散步者的学术自白，是个别人的侥幸的战利品，是隐居的密室，或者是老态龙钟的学者与稚子之间无害的唠叨。没有人敢于身体力行哲学法则，没有人怀着一种单纯的男子气的忠诚以哲学方式生活，这种忠诚曾

1　哈曼（J.G.Hammam，1730—1788），普鲁士新教思想家、致力于调和哲学与基督教。

迫使古人——不管他身在何处，不管他从事着什么——一旦向廊柱宣誓效忠，就作为斯多葛（廊柱学派）行动。整个现代哲学思考都是政治性的和警察式的，都被政府、教会、学院、习俗、时尚以及人的怯懦束缚在学术的表面，始终停留在叹息"但愿如何如何"或者认识"从前如何如何"上。哲学不具备其正当的权利，所以，现代人只要有点儿勇气和良心，就必定抵制它，用类似于柏拉图把悲剧诗人驱逐出他的理想国时所使用的语言放逐它。不过，对此它还可以有一个反驳，就像那些悲剧诗人对于柏拉图还可以有一个反驳一样。如果逼它说话，它也许会说："可怜的民族！倘若我在你们中间就像一个女巫似的四处游荡，不得不乔装躲藏，仿佛我是个罪人而你们是我的法官，这难道是我的责任？看一看我的姐妹——艺术——吧！她的处境和我一样，我们都被放逐于野蛮人中间，自救无望。诚然，在这里我们没有任何正当权利，可是，使我们找回正当权利的那些法官会审判你们，他们将对你们说：你们首先必须有一种文化，然后才会体会到哲学想做什么和能做什么。"

三、论泰勒斯，哲学开始于"一切是一"的形而上信念

泰勒斯的命题——水是万物的本原和母腹——包含着萌芽状态的"一切是一"这个思想，他因此有资格被看作最早的希腊哲学家。当他说"一切是水"的时候，人类就突破了科学。存在物的统一之信念的根源深藏在某种神秘直觉之中。

希腊哲学似乎是从一个愚昧的念头开始的，它始自这个命题：水是万物的本原和母腹。真的有必要重视和认真对待这个命题吗？是的，有三个理由：第一，因为这个命题就事物本原问题表达了某种看法；第二，因为它的这种表达并非比喻或寓言；最后，因为其中包含着——尽管是萌芽状态的——"一切是一"这个思想。上述第一个理由尚使得**泰勒斯**与信教和迷信的人为伍；但第二个理由却把他同这些人区分了开来，表明了他是个自然科学家，而由于第三个理由，泰勒斯就有资格被看作最早的希腊哲学家。如果泰勒斯说地由水变来，那么我们只是有了一个科学假设，一个错误的然而

难以反驳的假设。可是，他已经超越了科学假设。在借助这个水的假设以表达他的统一观念时，泰勒斯并非克服了、而至多是跃过了当时物理认识的低水准。泰勒斯用经验方式观察水——更确切地说，湿气——的发生和变化，这种观察那样可怜而又杂乱，它不能允许乃至鼓励做出如此重大的一般推论。这样推论的动力乃是一个形而上信念，其根源深藏在某种神秘直觉之中。我们在所有哲学家身上，在他们为了更好地表达它而做的不屈不挠的努力中，都可以发现这个信念，它就是"一切是一"的命题。

值得注意的是，这样一个信念多么有力地处理着一切经验。正是从泰勒斯身上，我们可以明白，哲学是如何每时每刻都做到这一点的，它一心越过经验的樊篱，奔赴那魔术般吸引着它的目标。它利用容易到手的支撑物，希望和预感都加快了它的步伐。从事计算的知性却气喘吁吁地跟在后面，寻觅更好的支撑物，也想到达更具灵性的伙伴业已到达的那诱人目标。我们好像看到两个旅行者，他们站在一条卷着石块滚滚向前的湍急的林中溪流旁。其中一人踩着那些石块不断跳跃，不在乎石块在他身后突然掉入深渊，终于矫健地越过了溪流。另一人却始终绝望地站在那里，他首先要替自己建造足以承受他那谨慎沉重的步伐的基础，有时做不到这一点，就没有一个神灵能够帮助他渡河。那么，究竟是什么东西使得哲学思维如此快速地达到其目的？它同从事计算和量度的思维的区别难道仅仅在于它能迅速飞越较大空间？不，因为使它腾飞的是一种异样的、非逻辑的力量——想象。它乘着想象的翅膀从一种可能性飞向另一种可能性，这些可能性暂时被用作确定性，它在飞行中时而还把握住了一些确定性。一种天才的预感向它指示出这些确定性，它老远就猜中在这一个点上有可证明的确定性。然而，在闪电般地捕获和照亮相似性方面，想象尤擅胜场。随后反省带着尺度和规范来到，试图用相同性取代相似性，用因果性取代并存性。不过，即使这完全行不通，即使在泰勒斯的场合，不可证明的哲学思维也仍然具有一种价值。当逻辑和经验的僵硬性企图向"一切是水"命题跨越的时候，即使一切支撑物都破碎了，在科学建筑崩塌之后，也终归还剩下一点东西。正是在这剩下的东西中，包含着一种动力，甚至包含着将来开花结果的希望。

　　我当然不是认为，泰勒斯的思想在做了某种限制或削弱的意义上，或者作为譬喻，也许还保存着一种"诗意的真理性"。比如说，设想有一个造型艺术家站在瀑布前，他在迎面扑来的形式中看见水在玩着艺术造型的游戏，幻化出人体、动物身体、面具、植物、石头、林泽女神、鹫头飞狮等一切既有的雕塑形象，于是觉得"一切是水"命题似乎得到了证实。毋宁说，即使已经认识到泰勒斯的这个思想是不可证明的，它仍有其价值，这价值恰恰在于它的含义不是神话式和譬喻式的。希腊人——泰勒斯在他们中间如此异峰突起——是一切实在论者的对立面，因为他们只相信人和神的实在性，而仿佛把整个自然界只看作人和神的伪装、面具或变形。在他们看来，人是事物的真理和核心，其他一切只是现象和幻觉的游戏。正因为如此，把概念当概念来把握这件事给他们造成了难以置信的负担。在现代人这里，哪怕最个性的东西也要升华为抽象观念；相反，在希腊人那里，最抽象的东西总是复归为一种个性。然而，泰勒斯却说："事物的实在不是人，而是水。"至少就他相信水而言，他开始相信自然了。作为数学家和天文学家，他对一切神话和譬喻怀有反感。尽管他还不能清醒地达到"一切是一"这个纯粹的抽象观念，他还停留在一种物理学的表述上，但是，在他那时代的希腊人中间，他毕竟是一个可惊的例外。也许最杰出的俄耳甫斯教徒掌握了把握抽象观念和进行非直观思考的技能，其水平超过泰勒斯，但是，他们只能用譬喻形式来表达那些抽象观念。希罗斯的菲勒塞德斯[1]在时间上和在某些物理学观念上都接近于泰勒斯，他在表达这些观念时也游移于神话和譬喻相联姻的中间地带。例如，他竟敢把地比作一棵张开翅膀悬在空中的有翼的橡树，天神宙斯在战胜他父亲克洛诺斯之后，给橡树围披上了一件他亲手绣上田地、水、河流的富丽堂皇的锦袍。和这种勉强可辨的晦涩的譬喻式哲学思维相比，泰勒斯是一位无需幻想式寓言就洞察自然界底蕴的创造性大师了。如果说他在这样做时虽则利用了科学和可证明之物，但立刻又越过了它们，那么，这恰恰就是哲学头脑的一个典型特征。希腊语中指称"哲人"的那个词，从语源学角度看，可追溯到 sapio 即"我辨味"，sapiens 即"辨味的人"，sisyphos 即

1　希罗斯的菲勒塞德斯（Pherekydes aus Syros），活动于公元前 550 年左右，古希腊神话作家。

"有敏锐味觉的人"。因此，在这个民族看来，一种敏锐的品尝和辨别的能力，一种杰出的区别能力，构成了哲学家特有的艺术。如果把那种在涉及自己的事情中善于发现利益的人称为聪明人，那么，哲学家不是聪明人。亚里士多德说得对："人们会把泰勒斯和阿那克萨哥拉所知道的东西称作异常的、惊人的、困难的、神圣的，但也是无用的，因为他们不是为人类的利益求知的。"哲学通过选择和析出异常、惊人、困难、神圣的东西而使自己区别于科学，就像它通过重视无用的东西而使自己区别于聪明一样。科学没有这样的选择，没有这样的精细味觉，它在不惜任何代价求知一切的盲目欲望支配下冲向一切可知之物。相反，哲学思维却永远立足于最值得认识的事物，立足于伟大重要的认识。无论在道德领域还是在审美领域，既然"伟大"这个概念都是可变的，那么，哲学就是从给"伟大"立法开始的，一种命名活动和它紧密相连。它说："这是伟大的。"借此它提举人类超越于自身的盲目无羁的求知欲望。它用"伟大"这个概念来约束上述欲望，而最常用的办法是，它把最伟大的认识，对事物本质和核心的认识，看作是可以达到的和已经达到的。当泰勒斯说"一切是水"的时候，人类就突破了单门科学的蠕虫式的触摸和原地爬行，预感到了事物的最终答案，并借助这种预感克服了较低认识水平的一般限制。哲学家试图倾听世界交响乐在自己心中的回响，然后以概念的形式把它投放出来。当他像雕塑家一样静观，像宗教家一样怜悯，像科学家一样探测目标和因果关系之时，当他觉得自己膨胀为宇宙之时，他仍然保持着一种沉着，能够冷静地把自己看作世界的镜子。这种沉着是戏剧家所特有的，他们把自己变化入别人的身体，从那里说话，却仍然能够把这种变化移置出来，投射在写下的诗里。辩证思维对于哲学家的关系，正相当于这里所说的诗对于诗人的关系。哲学家为了记录和固定住他的魔变，就抓住辩证思维不放。但是，正像对于戏剧家来说，词和诗仅仅是结结巴巴地说一种外语，想用它来表达他所体验和观看到的东西一样（这些东西实际上只能直接用音乐和姿势来表达），用辩证法和科学反映来表达任何一种深刻的哲学直觉，这样做一方面虽然是传达所观看到的东西的唯一手段，但另一方面也是一种可怜的手段，在本质上甚至是向一种不同领域和不同语言的隐喻式的、完全不可靠的转译。泰勒斯就这样观看到了存在物的统一，可是当他想传达这一发现时，他却谈起了水！

四、阿那克西曼德：世界起源中的伦理问题

> 生成表明凡具备确定属性的存在物必归于衰亡，阿那克西曼德据此把真正的存在称为"不确定者"，进而把"一"（"不确定者"）变为"多"（生成）解释为道德现象，"多"是摆脱"一"的非正义行为，因此必须用衰亡来赎罪。

如果说哲学家的一般类型在泰勒斯的形象上还仅仅像是刚从雾中显露，那么，他的伟大后继者的形象对我们来说就清楚多了。米利都的**阿那克西曼德**，古代第一个哲学著作家，他是这样写作的——一个典型的哲学家，只要还没有被使人异化的要求夺去自然质朴的品质，就会这样写作：以风格宏伟、勒之金石的文体，句句都证明有新的启示，都表现出对崇高沉思的迷恋。每个思想及其形式都是通往最高智慧的路上的里程碑。阿那克西曼德有一回这样言简意赅地说道："事物生于何处，则必按照必然性毁于何处；因为它们必遵循时间的秩序支付罚金，为其非正义性而受审判。"一个真正的悲观主义者的神秘箴言，铭刻在希腊哲学界石上的神谕，我们该怎

样向你解说呢？

　　我们时代唯一的一位严肃的道德家[1]在其哲学小品集（*Parerga*）第 2 卷第 12 章中提出了一个类似的看法，铭记在我们心上："评价每一个人的恰当尺度是，他本来就是一个完全不应该存在的造物，他正在用形形色色的痛苦以及死亡为他的存在赎罪。对于这样一个造物能够期望什么呢？难道我们不都是被判了死刑的罪人？我们首先用生命、然后用死亡为我们的出生赎罪。"谁若从我们人类普遍命运的面相中读出了这层道理，认识到任何人的生命的可怜的根本状况已经包含在下述事实中，即没有一个人的生命经得起就近仔细考察（虽然我们这个患了传记瘟病的时代表面上不是如此，而是把人的价值想得神乎其神），谁若像叔本华一样在"印度空气清新的高原"上倾听过关于人生的道德价值的神圣箴言，他就很难阻止自己去制造极端人神同形同质论的隐喻，把那种忧伤的学说从人类生命的范围推广，用来说明一切存在的普遍性质。赞同阿那克西曼德的观点，把一切生成看作应当受罚的摆脱永恒存在的行为，看作必须用衰亡来赎罪的非正义行为，这也许不合逻辑，但肯定是合乎人性的，也是合乎前面所述的哲学跳跃的风格的。凡是已经生成的，必定重归于消失，无论人的生命、水，还是热、力，均是如此。凡有确定属性被感知的地方，我们都可以根据大量经验预言这些属性的衰亡。因而，凡具备确定属性并由这些属性组成的存

1　　指叔本华。

在物，绝对不可能是事物的根源和原始原则。阿那克西曼德推论说，真正的存在物不可能具备任何确定的属性，否则它也会和其他一切事物一样是被产生出来和必定灭亡的了。为了让生存不会停止，本原（Urwesen）就必须是不确定的。本原的不朽性和永恒性并不像阿那克西曼德的解释者们通常认为的那样，在于一种无限性和不可穷尽性，而是在于它不具备会导致它衰亡的确定的质。因此，它被命名为"不确定者"（das Unbestimmte）。被如此命名的本原是高于生成的，因而既担保了永恒，又担保了畅通无阻的生成过程。当然，这个在"不确定者"身上、在万物的母腹中的终极统一，人只能用否定的方式称呼它，从现有的生成世界里不可能给它找到一个称谓，因此，可以认为它和康德的"自在之物"具有同等效力。

人们当然可以围绕下述问题争论：究竟什么东西是真正的原始质料（Urstoff），是介于气和水之间的东西呢，还是介于气和火之间的东西。但这样争论的人完全没有理解我们的这位哲学家。同样的批评也适用于那样一些研究者，他们至为认真地探讨阿那克西曼德是否把他的原始质料设想为现有一切质料（Stoff）的混合。毋宁说，我们必须把眼光投向前面引述过的那个言简意赅的命题，它会使我们明白，阿那克西曼德已经不再是用纯粹物理学的方式处理这个世界起源的问题了。当他在既生事物的多样性中看出一堆正在赎罪的非正义性之时，他已经勇敢地抓住了最深刻的伦理问题的线团，不愧为这样做的第一个希腊人。有权存在的东西怎么会消逝呢！永不疲倦、永无休止的生成和诞生来自何方，大自然脸上的那痛苦扭曲的表情来自何方，一切生存领域中的永无终结的死之哀歌来自何方？阿那克西曼德逃离这个非正义的世界，这个无耻背叛事物原始统一的世界，躲进一座形而上学堡垒，在那里他有所依傍，于是放眼四顾，默默沉思，终于向一切造物发问："你们的生存究竟有何价值？如果毫无价值，你们究竟为何存在？我发现，你们是由于你们的罪过而执着于这存在的；你们必将用死来赎这罪过。看吧，你们的大地正在枯萎，海洋正在消退和干涸——高山上的贝壳会告诉你们，海洋已经干涸得多么严重；烈火现在已经在焚毁你们的世界，它终将化为烟雾。然而，这样一个昙花一现的世界总是被重新建立。谁能拯救你们免除生成的惩罚呢？"

如此发问的人，他的升腾的思想不断扯断经验的绳索，渴望一下子升到诸天之外最高境界，这样一个人不可能满足于随便哪种人生。我们乐意相信传说所形容的：阿那克西曼德穿着令人肃然起敬的衣服走来，他的神态和生活习惯都流露出真正悲剧性的骄傲。他人如其文，言语庄重如同其穿着，一举一动都似乎在表明人生是一幕悲剧，而他生来就要在这幕悲剧中扮演英雄的。凡此种种，他都是恩培多克勒的伟大楷模。他的邦人推选他去领导一个移民殖民地——他们也许很高兴能够同时尊敬他又摆脱他。他的思想也出发去创建殖民地，以致在以弗所[1]和埃利亚，人们摆脱不了它了，而当人们

1　以弗所（Ephesus），古希腊人在小亚细亚西岸的殖民城市，哲学家赫拉克利特的家乡。

决定不能停留在它所止步的地方时，他们终于发现，他们仿佛是被它引到了他们现在无需它而打算由之继续前进的那个地方了。

　　泰勒斯指出，应该简化"多"的领域，把它还原为**唯一的**一种现有的质——水——的纯粹展开或伪装。阿那克西曼德在两点上超过了泰勒斯。首先，他追问：如果的确存在着一个永恒的"一"，那么，"多"究竟如何是可能的？其次，他从这"多"的充满矛盾的、自我消耗和自我否定的性质中寻求答案。在他看来，"多"的存在成了一种道德现象，它是非正义的，因而不断通过衰亡来替自己赎罪。但他接着又想到一个问题：既然已经过去无限的时间，为什么被生成之物还远没有全部毁灭？这万古常新的生成之流来自何方？他只能用一些神秘的可能性来回避这个问题，说什么永恒生成只能在永恒存在中找到其根源，由永恒存在降为非正义的生成的前提始终如一，事物的性质既已被造就成这样，个别造物脱离"不确定者"怀抱的过程就永无止境了。阿那克西曼德停留在这里，也就是说，他停留在浓密的阴影里，这阴影像巨大的鬼魂一样笼罩在这样一种世界观的峰巅。一般来说，不确定者如何能堕落为确定者，永恒者如何能堕落为暂时者，正义者如何能堕落为非正义者呢？我们愈是想接近这个问题，夜色就愈浓。

五、赫拉克利特：世界的本质是生成而非存在

> 赫拉克利特提出了两点重要否定：第一，否定世界的二元性，不再把生成与存在、物理世界与形而上世界、确定的质的领域与不可界说的不确定性领域分开；第二，否定存在，除了生成，别无所有，现实的全部本质都只是作用，它不具备别种存在的方式。

以弗所的**赫拉克利特**走进那个笼罩着阿那克西曼德的生成问题的神秘夜色里来了，并用神圣的闪电照亮了它。他喊道："我凝视着生成，还没有人如此仔细地凝视过事物的这永恒波浪和节奏。我看到了什么？合规律性，永不失堕的准确性，始终如一的正义之路，审判着一切违背法则的行为的复仇女神，支配着整个世界的正义以及服务于它的魔法一般常存的自然力量的戏剧。我看到的不是对被生成之物的惩罚，而是对生成的辩护。什么时候罪孽和堕落会发生在坚定的形式中，发生在神圣可敬的法则中呢？非正义在哪里占上风，那里就有任性、无秩序、紊乱、矛盾；可是，哪里统治着的唯有法

则和宙斯的女儿狄刻[1]，如同在这个世界一样，那里怎么还会是罪过、赎罪、审判的地盘，俨然是处罚一切罪人的刑场呢？"

从这样的直觉中，赫拉克利特提出了两点彼此相关的否定，只有同他的前驱的学说进行比较，这两点否定才会昭然若揭。首先，他否定了阿那克西曼德不得不假定的整个大千世界的二元性，他不再把一个物理世界与一个形而上世界、一个确定的质的领域与一个不可界说的不确定性领域彼此分开。在迈出这第一步之后，他就不能再克制自己去做更加勇敢的进一步否定了：他根本否定存在。因为他所保留的这一个世界，它受永恒的潜隐法则庇护，在铿锵有力的节拍中起伏消长，这一个世界并未显示出任何持存性、不可毁坏性，任何阻遏激流的防波堤。赫拉克利特比阿那克西曼德更加响亮地宣告："除了生成，我别无所见。不要让你们自己受骗！如果你们相信在生成和消逝之海上看到了某块坚固的陆地，那么，它只是在你们仓促的目光中，而不是在事物的本质中。你们使用事物的名称，仿佛它们有一种执拗的持续性，然而，甚至你们第二次踏进的河流也不是第一次踏进的那同一条了。"

赫拉克利特拥有非凡的直觉思维能力，这仿佛是他的王室财产。面对靠概念和逻辑推理完成的另一种思维，他显得冷漠、无动于衷甚至敌对。而当他在诸如"万物在自身中时刻包含着对立面"这类命题中凭直觉获得真理，并得以用这

1　狄刻（Dike），希腊神话中的正义女神。

样的真理对抗那种思维时，他似乎感到十分惬意。难怪亚里士多德要把理性法庭上的最大罪名加于他身上，谴责他违背矛盾律了。然而，直觉思维包括两个方面：第一是在一切经验中向我们迎面扑来的五光十色的、瞬息万变的当下世界；第二是使对于这个世界的任何经验成为可能的前提，即时间和空间。因为即使没有确定的内容，时间和空间仍然可以不依赖于任何经验，纯粹自在地通过直觉被感知，亦即可以被直观到。现在，当赫拉克利特撇开一切经验，以这种方式考察时间时，他就在其上获得了一幅富有启示的字母图，它交织着一切归入直觉思维领域的东西。譬如说，叔本华也是像他那样认识时间的。叔本华一再宣布：在时间中，每一个瞬间只有在消灭前一个瞬间——自己的父亲，从而使自己同样快地被消灭的情况下才存在；过去和未来都像任何一个梦一样微不足道，而现在只是两者之间没有维度和绵延的界限；但是，像时间一样，空间以及在时间和空间中存在的一切，都只具有相对的实存，都只是通过并且为了另一个和它同类的东西——即仍然只具有相对实存的东西——而存在的。这是一个最直接的、人人可以直观到的真理，正因为如此，又是一个凭概念和理性极难达到的真理。但是，谁若看清了这个真理，他就必定会立刻进一步承认赫拉克利特的结论，宣布现实的全部本质都只是作用而已，对于它来说，不具备别种存在的方式。叔本华就阐述了这个观点（《作为意志和表象的世界》第1篇第4节）："物质仅仅作为作用着的东西填充空间和时间。它对于直接对象的作用乃是直观的前提，而它仅仅存在于直观之中。任何物质对象作用于另一个物质对象的结果，只有当后者现在以不同于先前的方式作用于直接对象时，才能被认识到，并且仅仅以此种方式存在。也就是说，物质的全部本质是原因和结果（Wirkung），它的存在即它的作用（Wirken）。所以，在德语中，一切物质东西的总和被极其确切地称作现实（Wirklichkeit），这个词要比实在（Realitaet）确切得多。物质施作用于其上的东西始终是物质，也就是说，它的全部存在和本质仅仅在合乎规律的变化之中，这种变化在它的一个部分中产生出另一个部分。因而，它完全是相对的，依照一种仅在它的界限内有效的关系而转移的，就像时间和空间一样。"[1]

永恒的唯一的生成，一切现实之物的变动不居，它们只是不断地作用和生成，却并不存在，如同赫拉克利特所教导的那样——这真是一种令人昏眩的可怖思想，其效果酷似一个人经历地震时的感觉，丧失了对坚固地面的信赖。把这种效果转化为其反面，转化为崇高和惊喜，必须拥有惊人的力量才行。赫拉克利特做到了这一点，其方法是考察一切生成和消逝的真正历程。他在两极性的形式中把握这个历程，即一种力量分化成为两种异质的、相反的、力求重归统一的活动。一种质不断地把自己一分为二，分裂为它的对立面，而两个对立面又不断地力求重新合一。普通人以为自己看见了

---

1 参看《作为意志和表象的世界》中译本，石冲白译，杨一之校，商务印书馆，1982 年 11 月第 1 版，第 33 页。译文不同。

某种坚硬、牢固、持久的东西，实际上，在每个瞬间，明与暗、苦与甜都是彼此纠缠、形影不离的，就像两个摔跤的人，其中时而这人时而那人占据上风。在赫拉克利特看来，蜂蜜既苦又甜，世界本身是一只必然不断被搅拌的瓦罐。一切生成都来自对立面的斗争。确定的、在我们看来似乎持久的质，仅仅表明斗争一方暂时占上风，但斗争并不因此而结束，它将永远持续下去。万物都依照这种斗争而发生，正是这种斗争揭示了永恒的正义。这是一个汲自最纯净的希腊精神之井的神奇观念，它把斗争看作一种统一的、严格的、同永恒法则相联系的正义的不断统治。只有希腊人才会把这个观念视为一种宇宙论的基础。赫西奥德[1]的好样的厄里斯[2]被美化成了世界原则。希腊个人和希腊国家的竞赛观念被从体育和竞技，从艺术对唱，从政党和城邦间的角斗中引申开来，成为最普遍的观念，以致现在宇宙之轮绕它旋转了。每个希腊人战斗起来都有一种唯他正义的气势，而一种无限可靠的判决尺度每时每刻都决定着胜利垂顾何方。不同的质也是这样彼此斗争的，遵循着内在于斗争的坚不可摧的法则和尺度。人和动物的狭窄脑瓜深信万物坚固耐久，其实它们甚至没有一种真正的存在，在对立的质的斗争中，它们只是击剑的闪烁和火花，只是胜利的光辉。

1　赫西奥德（Hesiod，活动时期约公元前700年），古希腊最早的诗人之一，两部完整的史诗《神谱》《工作与时日》保存至今。
2　厄里斯（Eris），希腊神话中掌管争执的神，曾参与挑起特洛伊战争。

关于一切生成所固有的斗争，关于胜利的永恒交替，叔本华又作如此描述（《作为意志和表象的世界》第2篇第27节）："持存的特质恒常地改变形式，其方式是循着因果性的引线，机械的、物理的、化学的、有机的现象都贪婪地挤向前台，互相掠夺物质，因为每种现象都想展现其理念。我们可以看到这种斗争遍布整个自然界，诚然，整个自然界又只是凭借这种斗争才得以存在的。"[1]接下来的几页对这种斗争做了一些值得注意的解说。不过，描述的基调始终与赫拉克利特相距甚远，因为对于叔本华来说，斗争是意志自我碎裂为生命的证据，是这黑暗阴郁的冲动的自耗，乃是一种绝对可怕、绝非幸运的现象。这种斗争的场所和对象是物质，自然力量试图互相掠夺物质，就像它们也试图互相掠夺空间和时间一样，而物质正是空间和时间通过因果关系实现的统一。

1　参看《作为意志和表象的世界》中译本，石冲白译，杨一之校，商务印书馆，1982年11月第1版，第212—213页。译文不同。

六、赫拉克利特：世界是宙斯的游戏

> 世界在本质上就是永远多元的，在此意义上，
> 一就是多。世界是火的自我游戏，换言之，是宙斯
> 的游戏。这便是对生成的辩护。

当赫拉克利特的想象力以一个幸福的旁观者的眼光打
量不息运动的世界，打量"现实"，看到无数对快乐的竞赛
者在严厉的裁判监护下角逐的时候，一种更高的感悟袭上了
他的心头。他不再能够把角逐的对手与裁判彼此分离开来观
察，裁判自己好像也在竞赛，竞赛者又好像在进行裁判——是
的，现在他压根儿只觉察到那永恒支配着的正义，以致他敢
于宣告："'多'的斗争本身就是正义！而说到底，'一'就是
'多'。因为，在本质上，所有那些质是什么呢？它们可是不
朽的神灵？它们可是分离的、有始无终地为自己活动着的本
质？如果我们所看到的世界只知生成和消逝，不知静止，那
么，所有那些质也许应当构成了一个别种形态的形而上世界，
虽然并非如阿那克西曼德在多元性的飘忽面纱后所窥见的那
样是一个一元世界，而却是一个永远多元和本质上多元的世

界？"赫拉克利特是否迂回曲折地重又陷入了双重世界秩序，不管他多么激烈地否认它，他一方面承认一个由无数不朽神灵和魔鬼（即许许多多的实在）组成的奥林匹斯世界，另一方面又承认一个只是由奥林匹斯的战斗尘雾和神械闪光（这意味着生成）所构成的人类世界？

阿那克西曼德逃避确定的质，躲进形而上的"不确定者"的怀抱；由于确定的质不断在生成和消逝，他便否认它们是真实的和核心的实存；那么，现在事情岂不似乎是，"生成"只是永恒的质之间的斗争呈现而变得可见而已？倘若在事物的本质中根本不存在生成，而只有许多不变不灭的真正实在相互并存着，那么，所谓生成岂不只是人类认识能力不足的产物？

然而，这是有违赫拉克利特原意的曲径和歧途。他一再宣告："一就是多。"那许许多多可被感知的质既不是永恒的本质，也不是我们感官的幻觉（后来阿那克萨哥拉持前一种看法，巴门尼德持后一种看法）；它们既不是静止自主的存在，也不是人类头脑中昙花一现的假象。没有人能够凭借辩证的思路，神机妙算，猜中那专为赫拉克利特保留的第三种可能性。因为，他在这里所发现的东西，哪怕在神秘的奇迹和不可意料的宇宙隐喻的领域里也是罕见的例外。——世界是宙斯的**游戏**，或者，用更接近物理学的方式表述，是火的自我游戏，仅仅在这个意义上，一同时就是多。

为了解释以火为一种创世力量的学说，我想提醒读者注意阿那克西曼德是以何种方式发展水为万物之源的理论的。

实质上，阿那克西曼德尽管信任泰勒斯，进一步印证了泰勒斯的观察，但他仍不能使自己相信，在水之前，仿佛在水的背后，不再有别的等级的质。相反，在他看来，湿本身是由热和冷形成的，因而热和冷应当是先于水的等级，是更本原的质。

当它们从"不确定者"的原初质料中分离出来时，生成便开始了。作为物理学家，赫拉克利特隶属于阿那克西曼德的思想，但他赋予了阿那克西曼德的这个热以新的含义，把它解释为呵气，热的呼吸，干燥的蒸汽，简言之，解释为火。他关于这个火所说的，和泰勒斯、阿那克西曼德关于水所说的同出一辙，火经由无数变化，首先是热、湿、硬三种基本状态，遍历了生成之道。因为，水在下降时转化为土，在上升时转化为火。或者，按照赫拉克利特似乎更精确的表述，从海上只升起纯净的蒸汽，它是天上星辰之火的养料，从地上只升起阴郁的雾状的蒸汽，它是湿气的养料。纯净的蒸汽是海向火的过渡，不纯净的蒸汽是地向水的过渡。火就这样持续不断地经历着它的两条变化之道，向上复向下，前进又返回，交替并举，从火到水，从水到土，又从土回到水，从水回到火。如果说，赫拉克利特的这样一些观念，例如，火借蒸发的气体得以保持，土和火分别由水分离而来，在这些观念的最重要方面，他是阿那克西曼德的信徒，那么，他的以下观念却是独特的，与阿那克西曼德相矛盾的：他把冷排除出了物理过程，而阿那克西曼德则把冷与热等量齐观，以便让湿从两者中产生出来。赫拉克利特当然有这样做的必要，因为，既然一切都应当是火，那么，在火的一切可能的转化中，就绝不可能出现火的绝对对立物；所以，他要把人们称之为冷的东西解释为热的一个等级，并且能够毫不困难地替这种解释辩护。然而，比这种对阿那克西曼德学说的偏离重要得多的是一种更广泛的一致：他像阿那克西曼德一样相信，世界是周期性重复衰亡的，并且从毁灭一切的世界大火中，不断有另一个世界重新产生。他以引人注目的方式描述，世界扑向那世界大火并化解为纯粹的火的周期乃是一种渴望和需要，或一种欠缺，而被火完全吞没则是一种满足。我们还剩一个问题要问，就是他如何理解和命名那重新苏醒的造世冲动以及那重新向"多"的形式填充的举动。有一句希腊格言似乎有助于我们思考："饱足生罪行（渎神）。"事实上，人们可以问一下，赫拉克利特是否从渎神中引出了那向"多"的回归。人们该认真看待这个思想，在它的烛照下，赫拉克利特在我们眼前陡然变容，他的骄傲的目光熄灭了，脸上显露出了忍痛割舍、无能为力的皱纹。看来，我们知道为什么后世称他为"流泪的哲人"了。现在，整个世界过程岂不是对渎神的惩罚之举？"多"岂不是一桩罪行的后果？纯向不纯的转化岂不是非正义的结果？现在，罪恶岂非被置入了事物的核心，因而，虽然生成和个体的世界被免去了对它的责任，但同时又不断重新被判决要承担它的后果？

七、赫拉克利特用审美的眼光看世界

> 对生成不可做道德评定，赫拉克利特用审美的
> 眼光看世界。赫拉克利特的风格不是晦涩，而是简
> 练，几乎没有人比他写得更加清新明朗了。

渎神，这个险恶的词，确实对于每个赫拉克利特主义者
来说是块试金石，他会在其上显示他是否理解或误解了他的
大师。在这个世界上有罪恶、非正义、矛盾、痛苦吗？

有的，赫拉克利特宣布，然而只是对孤立地而非联系地
看事情的头脑狭隘的人而言，不是对洞察全局的神而言。对
后者来说，一切矛盾均汇流于和谐，尽管这不能被凡身肉眼
看见，却可以被像赫拉克利特这样近乎静观之神的人悟到。
在他的金睛火眼看来，填充在他周围的世界不复有一丝一毫
的非正义。甚至像纯火会纳入如此不纯的形式这样的基本冲
突，也被他用一个崇高的比喻克服了。生成和消逝，建设和
破坏，对之不可做任何道德评定，它们永远同样无罪，在这
世界上仅仅属于艺术家和孩子的游戏。如同孩子和艺术家在
游戏一样，永恒的活火也游戏着，建设着和破坏着，毫无罪

恶感——万古岁月以这游戏自娱。它把自己转化成水和土，就像一个孩子在海边堆积又毁坏沙堆。它不断重新开始这游戏。它暂时满足了，然后需要又重新抓住了它，就像创作的需要驱动着艺术家一样。不是犯罪的诱力，而是不断重新苏醒的游戏冲动，召唤另外的世界进入了生活。孩子一时摔开玩具，但很快又无忧无虑地玩了起来。而只要他在建设，他就按照内在秩序合乎规律地进行编结、连接和塑造。

只有审美的人才能这样看世界，他从艺术家身上和艺术品的产生过程体会到，"多"的斗争本身如何终究能包含着法则和规律，艺术家如何既以静观的态度凌驾于艺术品之上，又能动地置身于艺术品之中，必然与游戏、冲突与和谐如何必定交媾而生育出艺术品来。

现在谁还会向这样一种哲学要求一种伦理学以及"你应当"的绝对命令，甚或责备赫拉克利特有这样一种缺陷！如果把自由理解成一种愚蠢的要求，仿佛人可以像换件衣服一样随意改变他的本性，那么，人就彻头彻尾直到他的最后一根纤维都是必然性，完完全全是"不自由"的。古往今来任何一种严肃的哲学都带着理所当然的嘲讽态度拒绝了这种要求。能够自觉地生活在逻各斯之中，以艺术家的眼睛俯视大千，这样的人之所以如此稀少，是因为人的灵魂是潮湿的，而当"潮湿的淤泥占据人们的灵魂"之时，人的眼睛和耳朵，乃至人的整个悟性，都成了糟糕的工具。为什么事情会这样，这一点未被追问；正如同样未被追问的是，为什么火变为水和土。赫拉克利特当然没有理由**非得**证明——正像莱布尼茨有理由要证明——这个世界是一切可能性中最好的世界。对他来说，世界是亘古岁月的美丽而无辜的游戏，这已经足够了。在他看来，人一般来说甚至是非理性的存在物。但这一点同下述事实并不矛盾：在人的全部本质中，贯穿着起支配作用的理性法则。人在自然界并不占据特殊优越的地位，自然界的最高现象是火，例如星辰，而不是头脑简单的人。如果人借必然性保持对火的参与，那么，他就是较有理性的东西。要是他从水和土中产生，他的理性情况就很糟。并不存在这样一种义务：似乎因为他是人，他就必定认识逻各斯。可是，为什么有水，为什么有土？对于赫拉克利特来说，比起问为什么人如此愚蠢和恶劣，这个问题要严肃得多。在最高级与最反常的人身上，体现了同样的内在的合规律性和正义性。然而，如果有人试图逼问赫拉克利特：为什么火不总是火，为什么它现在是水，现在是土？那么，他只能这样答复："它是一个游戏，请不要太郑重其事地看待它，尤其不要道德地看待它！"赫拉克利特仅仅描述了既有的世界，他怀着静观它的喜悦；艺术家正是怀着这种喜悦静观自己正在创作的作品的。只有那些对于他对人的真实描绘心怀不满并且事出有因的人，才会觉得他阴暗、沉重、伤感、忧郁、暴躁、悲观，总而言之，可恨。但是，他对这些人连同他们的反对和同情，恨和爱，想必会毫不在乎，并且用这样的教诲回敬他们："狗总是向它不认识的人吠叫"，或者，"驴爱秕糠胜于黄金。"

这些心怀不满的人还常常叹息赫拉克利特风格晦涩。其实，几乎没有人比他写得更加清新明朗了。当然，他写得非常简练，所以，对于那些一目十行的读者来说，他倒确实是晦涩的。然而，如果一个哲学家故意写得晦涩（人们惯于这样责备赫拉克利特），而同时他并没有理由要隐瞒其思想，或者不是一个要用文字来掩盖其思想之贫乏的骗子，那就完全解释不通了。正如叔本华所云，哪怕在日常实际生活事务中，一个人也必须谨慎小心，尽量把话说得明白，以防止可能的误解；那么，他又怎么可以允许自己在最艰难深奥的、几乎不可企及的思维对象上，模糊不清地，甚至猜谜似的表达哲学按其使命要表达的东西呢？至于说到简练，让·保尔[1] 有一个很好的见解："大体而论，如果一切伟大的事物——对于少数心智有许多意义的事物——仅仅被简练地和（因而）晦涩地表达出来，使得空虚的头脑宁肯把它解释为胡言乱语，而不是翻译为他们自己的浅薄思想，那么这就对了。因为，俗人的头脑有一种可恶的技能，就是在最深刻丰富的格言中，除了他们自己的日常俗见之外，便一无所见。"顺便说说，尽管如此，赫拉克利特还是没有躲过"空虚的头脑"。斯多葛派已经对他做了肤浅的曲解，把他关于世界游戏的基本审美直觉拉扯为对于世界合目的性的平庸关注，而且是出于人类利益的关注了。因而，在他们的头脑中，他的物理学变成了一种粗鲁的乐观主义，并且不断督促芸芸众生 plaudite amici（友好地喝彩）。

---

1   让·保尔（Jean Paul，1763—1825），德国小说家。

八、以赫拉克利特为典范，论哲学家的骄傲和孤独

哲学家的骄傲是伟大的骄傲。赫拉克利特具有帝王气派的自尊和自信，同时又具有彻心透骨的孤独感。其哲学可概括为关于生成中的规律和必然中的游戏的学说。

赫拉克利特是骄傲的。如果一位哲学家感到骄傲，那就确实是一种伟大的骄傲。他的创作从不迎合"公众"、群众的掌声或同时代人异口同声的欢呼。空谷足音乃是哲学家的命运。他的禀赋是最罕见的，在某种意义上是最不自然的，甚至和同类禀赋也是互相排斥和敌对的。他的自满必须是一堵金刚石筑成的墙，因为即使万事万物都和他作对，这堵墙也不能遭到毁坏。他向着不朽的行进比任何别人更加辛劳曲折，但是，没有人能比哲学家更有信心到达行程的目的地——因为他完全不知道，除了在一切时间的张开着的翅膀上，他又能在哪里停留。蔑视现在和当下，这是伟大哲学天性的本质之所在。他拥有真理。无论时间之轮怎样随心所欲地滚动，绝

不可能躲过真理。对于这样的人来说，重要的是体验到他们曾经生活过。譬如说，无人能够想象出赫拉克利特的骄傲仅是一种徒劳的可能性。一切对认识的追求，就其本质而言，看来本身就是永远不可满足和无法令人满意的。所以，无论是谁，只要他尚未从历史中获得教益，就不可能相信，世上有如此帝王气派的自尊和自信，竟然有人坚信自己是真理的唯一幸运的追求者。这样的人生活在他们自己的太阳系里，我们必须登门拜访他们。毕达哥拉斯和恩培多克勒对自己也怀有一种超人类的尊敬，甚至怀有一种近乎宗教的敬畏。不过，由灵魂转生和众生一体的伟大信念维系的同情之纽带重又引导他们走向他人，走向他人的造福和拯救。可是，对于阿耳忒弥斯神庙[1]里那位以弗所隐士的彻心透骨的孤独感，我们只能生硬地从荒山野岭的悲凉中猜知一二。从他身上既没有强烈的激昂的同情之感，也没有帮助造福和拯救人类的渴望迸发出来。他是一颗没有大气层的星辰。他的目光向内是热烈的，向外却是冰凉木然的，仿佛只是面对着幻象。在他周围，幻影和谬误之波浪径直拍击着他的骄傲之顽石，他厌恶地掉头不看它们。然而，那些多愁善感的人也避开这样一个人，就像避开一具铜铸的脸谱。也许在一所偏僻的寺庙里，在许多神像中间，在森然肃立的建筑物旁边，这样一个造物才显得比较可以理解。在人类中间，作为一个人，赫拉克利

1　阿耳忒弥斯神庙，位于小亚细亚以弗所城，这里指赫拉克利特的隐居地。

特是令人难以置信的。甚至当他看似和蔼可亲时，例如当他观看顽童们游戏时，他所想的也绝非别人在这种场合所想的。他所想的是宇宙大顽童宙斯的游戏。他不需要人类，即使为了他的认识也不需要。凡是人们关于人类可能探问的一切，他之前的贤哲们已经努力探问过的一切，都与他无关。他轻蔑地谈及这些探问着搜集着的人，简言之，这些"历史的"人。"我寻找和探听过我自己，"他这样说自己，用了一个人们用来表示探听神谕的词，仿佛只有他才是德尔斐神谕"认识你自己"的真正贯彻者和实行者，而别人都不是。

然而，他把他从这神谕中听出的东西视为不朽的、回味无穷的智慧，这智慧将如同西比尔[1]预言的榜样，影响无远弗届。他像德尔斐神那样"既不说出也不隐瞒"它，而今后的人类只需让它如同神谕一样自我阐明，就足够了。虽然它被宣告时"没有微笑、修饰和芳香"，毋宁说是他用"唾沫四溅的嘴"宣告的，但必将传至千秋万岁的将来。因为世界永远需要真理，因而永远需要赫拉克利特，尽管赫拉克利特并不需要世界。他的声誉与他何干？正如他嘲笑着宣布的，声誉依存于"不断流逝的易朽之物"。他的声誉和人类有关，而不是和他有关，人类的不朽需要他，而不是他需要赫拉克利特这个人不朽。他所看到的东西，**关于生成中的规律和必然中的游戏的学说**，从今以后必将被永远地看到。他揭开了这部最伟大的戏剧的帷幕。

1　西比尔（Sibylle），希腊神话中的女预言家。

九、巴门尼德的前期学说

前期巴门尼德把经验世界区分为正面属性和反面属性两部分，并使用绝对的术语称之为存在者和不存在者。

如果说，赫拉克利特的每句话都宣示了真理的骄傲和庄严，但那是用直觉把握的真理，而不是靠逻辑的引线攀缘的真理，如果说，他在西比尔式的迷狂中观照而非窥望，领悟而非计算，那么，在他的同时代人**巴门尼德**身上，则有一个相反的形象和他比肩而立，同样也是真理先知类型的人，不过仿佛是用冰而不是用火造就，向周围闪射着刺人的寒光。也许在年事甚高时，巴门尼德曾经有过一个时刻，陷入了最纯粹的、不被任何现实污染的、完全没有血肉的抽象。在延续两个世纪的悲剧时代中，没有一个时刻像这个时刻那样更具有非希腊的性质。它的产品是关于存在的学说。这个时刻成了他本人生活的分界石，把它分成了两个时期。然而，这个时刻同时也把前苏格拉底思想分成了两半，前一半可以称作阿那克西曼德时期，后一半可以直接称作巴门尼德时期。巴门尼德本人的早期哲学活动也还带有阿那克西曼德时期的面貌，他提出了一个连贯的哲学物理学体系，来回答阿那克西曼德时期的问题。后来，当他被那个抽象之寒栗控制住，提出关于存在与非存在的最简单命题时，他本人先前的体系也就成了他要消灭的许多陈旧学说之一。不过，他好像没有完全丧失对他青年时代这个强健的宁馨儿的慈父般关怀，所以，他要说："虽然正确的路只有一条，但是，如果人们想要走上另一条路，那么，就其品质和连贯性来说，恐怕只有我的早期观点才是正确的。"他用这样的态度自卫，就是在那首论自然的伟大诗篇中，他也给了他早期的物理学体系以相当崇高的地位和颇为宽裕的篇幅，而这首诗本来是要宣布新观点为通往真理的唯一路标的。这种慈父般的关怀，尽管它或许会不知不觉造成差错，但在一个完全被刻板逻辑弄得僵化了的、几乎变成了一架思维机器的天性中，却是仅剩的人的感觉。

在我看来，巴门尼德与阿那克西曼德之间的个人交往似乎不无可信，而他之源出于阿那克西曼德学说则不但是可信的，并且是显而易见的。所以，他不相信一个存在的世界与一个生成的世界的严格划分。赫拉克利特同样不相信这种划分，这导致他根本否认存在。两位哲学家都寻求一条出路，以摆脱一种二元世界秩序互相对峙或派生的关系。阿那克西曼德向不确定者、不可确定者跳跃，借此一劳永逸地避开了生成领域及其在经验中给予的质。对于像赫拉克利特、巴门尼德这样独特的头脑来说，做此跳跃并不容易。所以，他们试图尽其所能地步行，而仅仅在双脚不再找得到支撑点，必须跳跃才能避免跌倒的地方，他们才为自己保留跳跃的权利。两位哲学家一再直观到的世界，正是阿那克西曼德如此伤感地责备并且解释为犯罪现场和生成之非正义的涤罪场所的那个世界。正如我们已经知道的，在其直观中，赫拉克利特发现，一切生成显示了多么可惊的合规律性和可靠性的秩序。他由此推论，生成本身绝不可能是有罪的和非正义的。巴门尼德的看法完全不同。他把各种质加以比较，相信自己发现了所有这些质并非相同的，而是必须被归纳为两类。例如，他比较了明和暗，后一种质显然只是前一种质的**反面**。因此，他区分了正面的质和反面的质，认真致力于审核并记录整个自然界中的这种基本矛盾。在这样做时，他的方法如下：他举出一对一对的矛盾，例如轻与重，薄与厚，能动与受动，然后按照明与暗的矛盾模式来理解它们。凡与明相一致的，便是正面属性；凡与暗相一致的，便是反面属性。如果他举出了重与轻，则轻就归于明一边，重就归于暗一边。于是，重只被看作轻的反面，而轻则被看作一种正面属性。这种方法本身就已经产生出一种抗拒、排斥感官提示的能力，即抽象逻辑程序的能力。对于感官来说，重似乎相当有说服力地显示为正面的质，但这一点并不能阻止巴门尼德把它列为反面的质。同样，他把与火相对立的土，与热相对立的冷，与薄相对立的厚，与阳相对立的阴，与能动相对立的受动，都只视作反面的质，于是，在他眼里，我们的经验世界就分成了两个互相隔离的部分，即正面属性的部分（具有明、火、热、轻、薄、能动和阳刚的性质）和反面属性的部分。后者实质上只表明了前者即正面属性的不具备和缺乏。因此，他把缺少正面属性的这个部分描述为暗、土、冷、重、厚，总之，阴柔和被动的性质。取代"正面"和"反面"这样的表述，他使用了绝对的术语"存在"与"不存在"，由之而得出一条原理，就是：和阿那西曼德的看法相反，我们这个世界本身包含着某种存在着的东西，当然，也包含着某种不存在的东西。我们不应该在世界之外，仿佛到我们的地平线那一边，去寻找存在着的东西。相反，就在我们眼前，随时随地，在一切生成中，都包含了某种存在着的东西，并且在发生着作用。

然而，在这里，他还剩一个任务，就是具体回答"什么是生成"的问题。这正是他为了不跌倒就必须跳跃的时刻，尽管对于巴门尼德这样的天性来说，也许一切跳跃本身都会被看作跌倒。这足以使我们陷入迷雾，陷入qualitates occultae（隐蔽的质）的秘教，甚至还可能陷入神话之中。巴门尼德像赫拉克利特一样直观到了普遍的生成和变易，他只能把消逝解释为不存在者的失误。因为，存在者怎么能对消逝负责呢！但是，产生同样也必须借助于不存在者才得以成立，因为，存在者既然始终存在着，就不可能是从自身中产生出来的，也就解释不了生成。因此，无论产生还是消逝，都是由反面属性造成的。不过，生成之获得一个内容，消逝之失掉一个内容，其前提是正面属性（即上述那个内容）也都参与了这两种过程。简言之，可得出以下原理："无论存在者还是不存在者，对于生成都是必需的；当它们共同作用时，就有了生成。"可是，正面属性与反面属性如何互相接近呢？作为对立面，它们岂不永远会互相躲避，使得一切生成都不可能？巴门尼德在这里诉诸一种 qualitas occulta（隐蔽的性质），一种对立面之间互相靠近和吸引的神秘倾向，而且，他用爱神阿芙洛狄忒之名，用日常熟知的阴阳两性的关系，感性地表述了这对立面。阿芙洛狄忒的能力在于，她撮合了对立面，撮合了存在者和不存在者。一种情欲引导彼此冲突和仇恨的因素结合起来，其结果就是生成。如果情欲得到了满足，仇恨和内在冲突又促使存在者和不存在者重新分离——这时候，人们就说："此物消逝了。"

十、巴门尼德：只有存在者存在

后期巴门尼德从同一律出发，依靠理性得出只有存在者存在，是感官的错觉造成了似乎不存在者也存在着的假象。于是，自柏拉图以来，真理只居住在最抽象的一般和最无规定性的词的空壳之中。

然而，没有人能够不受惩罚地强占诸如"存在者"和"不存在者"这样可怕的抽象，凡接触它的人，血必渐渐凝固。有一天，巴门尼德忽然心血来潮，发现他早年的全部逻辑构想的价值丧失殆尽，于是，他宁愿把它们如同一袋作废的旧币弃置一旁了。人们通常认为，在那一次的启悟中，发挥作用的不但有像"存在"和"不存在"之类概念的内在强制性推理，而且有一种外来影响，即巴门尼德认识了科罗封人**色诺芬尼** [1]——这位在远古年代云游四方的狂诗吟诵者，对自然神秘地进行神化的歌者——的神学。色诺芬尼作为一个

1　色诺芬尼（Xenophanes，约公元前 565—前 473），科洛封人，古希腊哲学家、诗人，埃利亚学派的先驱。

流浪诗人经历过非同寻常的生涯，他通过漫游成为一个见多识广和诲人不倦的人，善于提问和解说。因此，在上述意义上，赫拉克利特把他列入博学者一类，就本质而言列入"历史的"天性一类。他的神秘倾向究竟缘何和何时定型，从此永驻不变，现在已经没有人能够弄清。也许，完成构想之时，他已经是一位终于定居下来的老人了，经过迷径颠簸和不息探索之后，在泛神论的原始和平氛围下，他的灵魂在一种神圣静谧、万物休止的幻境中感受到了崇高和伟大的极致。此外，在我看来，两个人恰好在同一个地点，在埃利亚，同时生活了一段时间，每人的头脑中都构想着一个统一观念，这纯粹是偶然的。他们并没有形成一个学派，也不共同拥有任何能够从对方学来然后进一步传授的东西。因为，在这两个人身上，那个统一观念的来源是全然不同的，甚至是相反的。如果其中一人曾经尝试了解另一个人的学说，那么，他仅仅为了理解，就必须把它翻译成他自己的语言。可是在如此翻译时，另一种学说的特色不可避免地会丧失。如果说，巴门尼德完全依靠一种所谓的逻辑推理得出了存在者的"一"，并且用存在和不存在的概念把它编织出来，那么，色诺芬尼则是一个宗教神秘主义者，他和他那神秘的"一"相当典型地属于公元前6世纪。尽管他并不具备毕达哥达斯那样的革命性格，但是，他在漫游生涯中却也怀着改善、净化、救治人类的同样的倾向和冲动。他是伦理导师，不过尚限于狂诗吟诵者水平。后来，他似乎曾是一个智者。在大胆反对现有风俗和价值观方面，希腊国土上无人能同他媲美。因此，他绝

96

不像赫拉克利特和柏拉图那样退隐独处，反倒是直面公众。正是这个公众，他冷嘲热讽地抨击了他们对荷马的欢呼喝彩，他们对节日体操锦标赛的狂热嗜好，他们对人形石头的崇拜，虽则他不是用吵吵嚷嚷的忒尔西忒斯[1]方式抨击的。个人的自由在他身上达于高峰。他之所以和巴门尼德血缘相近，就在于这种对于一切成规习俗的近乎无限的摆脱，而不在于那最后的神圣的一；他是在那个世纪所重视的一种幻境中看到这个一的，这个一和巴门尼德的唯一存在观念几乎没有共同的表达和术语，更不必说共同的来源了。

巴门尼德发明他的存在学说时，毋宁说是处在一种相反的状态中。那一天，在这种状态中，他检验了他的那一对相互起作用的对子（它们的情欲和仇恨构成了世界和生成），即存在者与不存在者，正面属性与反面属性——而他，对反面属性、不存在者这概念突然产生了怀疑。因为，不存在的东西怎么能成其为一种属性呢？或者，更加透彻地问：不存在的东西怎么能存在呢？事实上，同义反复 A=A 乃是我们一向报以绝对信任的唯一认识形式，否认它无异于疯狂。正是这个同义反复的认识无情地向他呼喊：不存在的东西不存在！存在的东西存在！他突然感到他此前的生命承担着一个巨大的逻辑罪过。如果他一直不假思索地断定，**存在着**反面属性，存

1　忒尔西忒斯（Thersites），希腊神话中人物，特洛伊战争期间希腊联军中最丑的人，胆小、多嘴多舌、辱骂一切，后被阿喀琉斯打死。

在着不存在者，用公式来表达，也就是 A= 非 A，那么，只有十足的变态思维才会这样做吧。正如他所反省的，绝大多数人都是带着同样的变态作判断的，他本人不过是参与了一桩普遍的反逻辑罪行而已。但是，就是这个向他昭示他的罪行的同一时刻，也向他闪耀了发现的光辉。他找到了一个原则，一把打开世界秘密的钥匙，使他远离人类的一切幻觉。现在，他紧握住关于存在的同义反复真理这只结实可怕的大手，可以深入事物的深渊了。

他在这条路上遇见了赫拉克利特——一次不幸的相遇！他全神贯注于最严格地区分存在与不存在，此时此刻，赫拉克利特的二律背反游戏正是他所深恶痛绝的。诸如"我们既存在又不存在""存在与不存在既同一又不同一"这一类命题，把他刚刚清理好的一切又弄得一团糟，使他怒不可遏。他喊道："滚开，那些似乎有两个脑袋而终究一无所知的家伙！在他们那里，的确一切都在流动，连同他们的思想！你们阴郁地凝视着事物，可是你们必定又聋又瞎，以致如此混淆了对立面！"对他来说，群众的无知被儿戏似的二律背反所美化，被捧为一切认识的顶峰，这是一桩痛苦的、不可理解的事件。

现在，巴门尼德沉浸在他那叫人肃然起敬的抽象的冷水浴中。凡真实之物，必存在于永恒的现在。他认为不能说"曾经存在"或"将要存在"。存在者不可能是被生成的，因为它能从什么东西生成而来呢？从不存在者吗？但是，不存在者不存在，不可能产生出任何东西。从存在者吗？存在者除了生产自身外，不会生产任何别的东西。"消逝"的情形同样如此；如同生成，如同任何变化，如同任何增加、任何减少那样，它也是不可能的。唯一站得住的命题是：不存在任何一种东西，关于它可以说"它存在过"或"它将存在"；而关于存在者，则任何时候都不可以说"它不存在"。存在者是不可分的，因为那要来分割它的第二个力量在哪里呢？它是不动的，因为它应当朝哪里运动呢？它既不可能无限大，也不可能无限小，因为它是完备无缺的，而一个完备无缺地给定的无限乃是一个矛盾。所以，它是飘浮的，有限的，完备的，不动的，处处都等重，在每个点上都同样完美，像一个球体，然而并不占有一个空间，因为否则的话，这个空间会是第二个存在者了。但是不可能有多个存在者，因为，为了分离它们，必须有某种不存在的东西存在着。这是一个自我消解的假定。因此，只存在着永恒的"一"。

可是，现在，当巴门尼德收回他的目光，重见那个他早年曾试图凭借巧妙的逻辑推理把握其存在的生成的世界时，他愤怒于他的眼睛和耳朵了，因为它们毕竟看见和听见了生成。"不要跟随昏花的眼睛，"这时他如此下令，"不要跟随轰鸣的耳朵和舌头，而要仅仅用思想的力量来检验！"他就这样对人的认识装置作出了第一个极其重要的，然而仍是很不充分的，就其后果来说是灾难性的批评。他把感官与抽象思维能力即理性截然分开，仿佛它们是两种彼此完全分离的能力似的，因而，他就摧毁了理智本身，不由自主地把"精神"和"肉体"割裂开来。这样一种全然错误的割裂，尤其自柏拉图以来，如同一种诅咒一样加于哲学身上。巴门尼德断言，一切感官知觉仅仅提供错觉，其主要错觉恰恰在于它造成了一种假象，似乎不存在者也存在着，似乎生成也具有一种存在。凭借经验所认识的那个世界的全部多样性和丰富多彩，它的质的变化，它的上升和下降的秩序，都无情地被当作纯粹假象和幻觉弃置一旁了。由之出发一无所获，也就是说，人们为这个伪造的、彻头彻尾无效的、仿佛由感官捏造的世界所付出的全部努力都付诸东流。谁若做出了巴门尼德这样的总体判断，他就不会再做一个探索局部的自然科学家。他对现象的同情枯萎了，他甚至痛恨包括自己在内的一切现象，痛恨自己不能摆脱感官的这个永久骗局。现在，真理只应居住在最苍白、最抽象的一般之中，居住在最无规定性的词的空壳之中，就像居住在蜘蛛网之中一样。而在这样一个"真理"近旁，则坐着那么一位哲学家，他像抽象概念一样贫血，裹着公式的编织物。蜘蛛毕竟还想吃它的牺牲品的血，而巴门尼德式的哲学家却恰恰最仇恨他的牺牲品的血，那些被他牺牲的经验的血。

十一、巴门尼德哲学奏响本体论的序曲

进一步分析巴门尼德的存在概念的空洞，它并无与之对应的确定现实，仅是空洞的逻辑真理和概念游戏。

然而这是一个希腊人，伊奥尼亚革命爆发时他大约正当盛年。当时，一个希腊人尚有可能逃避太丰富的现实，如同逃避想象力的纯粹骗人的建构——但不是像柏拉图那样，逃入永恒理念的国度，创世者的工场，以求放眼于事物的纯洁完满的原型——而是逃入最冷漠空洞的"存在"概念那死亡般的寂静之中。诚然，我们要谨防按照错误的类比来解释这样一个值得注意的事实。这种逃避并非印度哲人意义上的遁世，其动力并非对于人生的堕落、短暂、非神圣性质的深刻的宗教信念；对于那个终极目标——静息于存在之中——的追求，也并非宛若神秘地沉浸在一种令人满足愉悦的**唯一**观照之中，这种观照对于普通人来说是费解而又不快的。巴门尼德的思想毫不沾染印度哲思的醉人暗香，而在毕达哥拉斯和恩培多克勒身上，这种气息或许不是完全不可察觉的。毋宁说，在当时，上述事实的特别之处正在于没有芳香、色彩、灵魂、形式，完全缺乏血肉、宗教精神、道德热情，一种抽象化、公式化特征（在一个希腊人身上！），而尤其是一种追求**可靠性**的可怕冲动，这一切竟出现在一个神话式思考并且最活泼最富于幻想的时代。巴门尼德祈祷说："只求给我一个可靠性，神祇们，在不可靠之海洋上，它们仅是一叶扁舟，但已经足以漂洋过海了！请把一切生成的、茂盛的、绚丽的、繁荣的、骗人的、诱人的、活生生的东西拿走，请把这一切拿给你自己，只求给我唯一的、贫乏的、空洞的可靠性！"

在巴门尼德的哲学中，奏响着本体论的序曲。经验没有像他自己所想的那样，向他提供任何一个存在；可是，他能思考存在，由此他推论存在必定存在着。这个推论建立在下述前提上：我们拥有一个直达事物本质和不依赖于经验的认识器官。在巴门尼德看来，我们的思维材料完全不是来自观察，而是来自别的什么地方，来自一个非感性世界，我们通过思维可以直接进入这个世界。但是，亚里士多德业已令人信服地驳斥了类似的推论，他断言：实存（Existenz）绝非本质（Essenz）固有的属性，此在（Dasein）绝非事物本质（Wesen des Dings）固有的属性。正因为如此，从"存在"这个概念——它的 essentia（本质）无非就是存在本身——根本不能推导出存在是 existentia（实际存在）的。"存在"与"不存在"的矛盾关系，如果没有实在的对象，没有使这一矛盾关系得以抽象出来的观察，它就是完全空洞的逻辑真理。如果不回溯到观察，它就只是概念游戏，事实上没有任

102

何东西被认识到。因为，真理的纯粹逻辑标准，正如康德所教导的，即一种认识同普遍的、形式的知性及理性法则的一致，虽然是一切真理的 conditio sine qua non（先决条件），因而是一切真理的消极前提，但是，逻辑无能再前进一步，它不能检验和揭露涉及内容而非形式的错误。谁只要试图寻找"存在者存在，不存在者不存在"这一矛盾关系的逻辑真理的内容，就会发现事实上没有与此矛盾关系严格对应的确定现实。对于一棵树，我既可以在同一切其他事物比较的意义上说"它是"，也可以在同它本身另一时刻比较的意义上说"它将是"，最后，还可以说"它不是"，例如，当我看到灌木时，可以说"它还不是树"。词只是事物彼此之间以及事物和我们之间的关系的符号，毫不涉及任何绝对真理。而"存在"这个词，正和"不存在"这个词一样，仅仅标志一种联结万物的最一般关系。既然事物本身的实存是无法证实的，那么，事物彼此之间的关系，即所谓"存在"和"不存在"，也同样不能使我们靠近真理的国度一步。我们凭借词和概念绝不能逾越关系之墙，进入事物某种神奇的始基（Urgrund）之中。即使在感性和知性的纯形式中，在空间、时间和因果关系中，我们也没有获得任何看来像是 veritas aeterna（永恒真理）的东西。对于主体来说，想要超出自身之外看到和认识到什么，乃是绝对不可能的，以至于可以说，认识和存在是最不相容的范畴。如果说，在巴门尼德的时代，对理智的批判还很粗浅幼稚，因而他可以想象由永远主观的概念达于自在的存在，那么，今天，按照康德的看法，下述做法却是一种狂妄无知：

许多地方，尤其是在那些想扮演哲学家的半吊子神学家中间，"用意识把握绝对"被树为哲学的使命。譬如说，其形式如黑格尔所表白的："绝对必已存在着，否则它如何能被寻求？"或者，如贝内克[1]的说法："存在无论如何必定已经存在，无论如何必定是我们可以达到的，否则我们就不可能一度拥有存在概念了。"拥有存在概念！仿佛它未曾在其词源中显示极其可怜的经验来源似的！因为，esse（存在）原本只是指"呼吸"。只要人使用其他万物，他就是传达了一个信念：他自己通过一个隐喻，亦即通过某种非逻辑的东西，呼吸和生活在其他事物上面，并且按照人的类比把它们的存在理解为一种呼吸。现在，这个词的本来含义几乎湮灭了，但毕竟余泽犹在，因而人总是按照自身存在的类比，即用人格化的方式，且总是通过一种非逻辑的转借手段，来想象其他事物的存在。即使撇开这种转借手段不说，就人而言，命题"因为我呼吸，所以存在着一个存在"也是完全不充分的。对之必须提出异议，正像对命题 ambulo, ergo sum 或 ergo est（因为行走，所以我或他存在）必须提出异议一样。

1　贝内克（Beneke，1798—1854），德国哲学家、心理学家。

十二、巴门尼德把概念当作真理的最高标准

　　　　分析芝诺悖论。巴门尼德和芝诺坚持概念的
真理性和普遍有效性，而把直观世界当作其对立物
加以唾弃。他们皆从一个不可证明的前提出发：似
乎在概念能力中已经拥有决定存在与不存在的最高
标准。

　　另一个概念，内涵大于存在者这个概念，巴门尼德同样
也已发明，虽然还不像他的学生芝诺[1]使用得那么熟练，这就
是无限者的概念。不可能有无限者存在，因为在这样的假设
中，会产生"一个完成了的无限"这样的悖谬概念。假如我
们的现实、我们现有的世界处处具有这种完成了的无限的性
质，那么，按其本质来说，它就意味着对逻辑、从而也是对
实在的违背，因而是欺骗、谎言、幻觉。芝诺特别运用间接
证明法，例如，他说："不可能有从一地到另一地的运动，因

1　芝诺（Zeno，约公元前490—约公元前430），埃利亚人，古希
　　腊哲学家、数学家。

为如果有这样的运动，就会有完成了的无限，而这是不可能的。"阿基里斯[1]在赛跑中不可能追上起步稍微领先的乌龟，因为他要到达乌龟出发的那一点，就必须已经跑完了无限的距离，也就是说，首先跑完这段距离的一半，然后跑完四分之一，八分之一，十六分之一，如此以至于无穷。如果他事实上追上了乌龟，那么，这是一种不合逻辑的现象，因而绝不是真理、实在、真实的存在，而仅是一种欺骗。因为，穷尽无限是绝对不可能的。这个理论的另一种通俗表达方式是"飞箭不动"。飞箭在其飞行的每个瞬间都有一个位置，它在这个位置上不动。那么，无限个静止位置的总和就等于运动了吗？无限重复的静止就是运动，因而就是自身的对立面吗？在这里，无限被利用来作为化解现实的硝酸。但是，如果概念是固定的、永久的、存在着的（在巴门尼德看来，存在与思维是同时发生的），也就是说，如果无限绝不可能是完成了的，如果静止绝不可能变为运动，那么，真相是箭完全没有飞动，它完全没有移位，没有脱离静止状态，时间并没有流逝。换言之，在这个所谓的、终究只是冒牌的现实中，既没有时间，也没有空间，也没有运动。最后，连箭本身也是一个骗局，因为它来自多，来自由感官唤起的非一的幻象。假定箭拥有一种存在，那么，它就是不动的、非时间的、不变的、固定的、永恒的——一个荒谬的观念！假定运动是真正的实在，那么，就不存在静止，因而，箭没有位置，没有空

1　阿基里斯（Achilles），希腊神话中的英雄，以善跑著称。

间——一个荒谬的观念！假定时间是实在的，那么，它就不可能被无限地分割，箭飞行所需要的时间必定由一个有限数目的瞬间组成，其中每个瞬间都必定是一个原子——一个荒谬的观念！我们的一切观念，只要其经验所与的、汲自这个直观世界的内容被当作 veritas aeterna（永恒真理），就会陷入矛盾。如果有绝对运动，就不会有空间；如果有绝对空间，就不会有运动。如果有绝对存在，就不会有多；如果有绝对的多，就不会有统一性。很显然，我们靠这样一些概念是多么难以触及事物的核心或解开实在的纽结。可是，巴门尼德和芝诺相反却坚持概念的真理性和普遍有效性，而把直观世界当作真实的、普遍有效的概念的对立物，当作客观化的非逻辑之物和悖谬之物加以唾弃。在他们的全部论证中，他们都从一个完全不可证明，甚至不可设想的前提出发，这前提便是：似乎我们在那种概念能力中已经拥有决定存在与不存在，即决定客观实在与非客观实在的最高标准了。似乎概念不应当依据现实来验证和修改，而事实上它们却是从现实中派生出来的；相反，概念应当衡量和判决现实，现实如果与逻辑发生了矛盾，甚至应当宣判其有罪。为了替概念安排好这种判决权，巴门尼德必须把他唯一视为真正存在的那种存在划归概念。现在，思维与那一个非生成的、完美的球形存在者不再可以被看作两类不同的存在，因为存在不允许有两重性。于是，思维与存在同一这个极其冒失的念头便应运而生了。在这里，直观性形式、象征、比喻都无济于事。这个念头是完全不可表象的，但它是必要的。唯其缺乏任何感性化的可能，它更要欢庆自己对于世界和感官欲求的最高胜利。说来真令一切幻想相形见绌，按照巴门尼德的命令，思维与那个块状球形的、十足实心的、呆板不动的存在必须合二而一，完全同一。就让这种同一性违抗感官好了！正是这一点至为有效地保证了它不是从感官借来的。

十三、对巴门尼德的驳议和对世界的正确描述

> 在假定巴门尼德的存在学说有根据的前提下提出两点驳议，推论出运动和多是实在的，皆不是假象。我们必须把这个变动不居的世界描述为所有真实存在着，同时又实存于整个永恒之中的实体的总和。

此外，还可以举出一些有力的 argementa ad hominem（迁就此人的论证）或曰 argementa ex concessis（出自认可的论据）来反驳巴门尼德，它们虽然不能说明真理本身，却能说明感性世界与概念世界的绝对分离以及存在与思维的同一性不是真理。第一，如果运用概念进行的理性思维是实在的，那么，多和运动也必定具有实在性，因为理性思维是运动着的，而且是从概念向概念的运动，从而是诸多实在之间的运动。对此不存在任何遁词，绝不可能把思维描述为一种呆滞的静态，一种永不运动的自我思维。第二，如果感官只提供谎言和假象，实际上只存在着存在与思维的同一体，那么，感官本身究竟是什么？当然只能是假象，因为它不是思

维，而它的产物即感性世界不是存在。然而，如果感官本身是假象，那么，它究竟对谁而言是假象呢？作为非实在的东西，它究竟如何还能骗人？不存在的东西根本不能骗人。也就是说，欺骗和假象从何而来的问题始终是一个谜，甚至是一个悖谬。我们把这两个 argementa ad hominem 分别称作关于运动着的理性的驳议和关于假象来源的驳议。由第一点可以推论出运动多是实在的，由第二点可以推论出巴门尼德式的假象是不可能的。两者的前提都是，巴门尼德的主要理论即关于存在的理论被看作是有根据的。

但是，这个主要理论仅仅意味着：只有存在者具有一种存在，不存在者不具有一种存在。然而，如果运动是这样一种存在，那么，凡是一般来说以及在一切场合适用于存在者的东西，同样也适用于运动。这就是说，运动是非生成的、永恒的、不灭的、不增不减的。可是，如果借助于假象从而来这个问题，我们否认这个世界是假象，如果我们捍卫所谓生成、变化，我们这个多样化的、生生不息的、丰富多彩的生存舞台，使之不遭到巴门尼德式的唾弃，那么，我们就必须把这个变动不居的世界描述为这些真实存在着的，同时又实存于整个永恒之中的实体（die Wesenheiten）的**总和**。在原来那个假设下，就完全谈不上狭义的变化或生成。而现在，多有了一种真正的存在，所有的质有了一种真正的存在，运动也同样如此。而且，对于这个世界的每个瞬间，哪怕随意选取相隔千万年的瞬间，我们都必定可以说：其中一切既有的、真正的实体，全都是同时存在于此，不变不灭，不增不减的。一千年后它们依然如故，丝毫不变。如果说，尽管如此，世界看起来仍然时刻都不同，那么，这不是欺骗，也不只是假象，而是永恒运动的结果。真正的存在者是时而这样、时而那样地运动着的，它们彼此间时而靠近，时而分离；时而向上，时而向下；时而结合，时而散开。

十四、阿那克萨哥拉：无数的基质

阿那克萨哥拉接受巴门尼德的前提：存在不生不灭。在他那里，这不生不灭的存在即无数的基质，不同基质对空间的争夺导致了一切变化。其中有一个逻辑错误为其基础，不同基质都拥有物质即占据空间，因而并非真正的不同基质和自在的存在者。

凭借这个观念，我们已经朝**阿那克萨哥拉**学说的领域迈进了一步。是他提出了上述两个驳议，即运动着的思维以及假象来自何处的驳议，来全力以赴反对巴门尼德。但是，在基本原理方面，巴门尼德却奴役着他，就像奴役着所有后来的哲学家和自然科学家一样。他们都否认生成和消逝的可能性，不管是有如民众的头脑所思的，还是有如阿那克西曼德和赫拉克利特所假定的，这两位比民众深思熟虑，但依然不够审慎。这样一种神话式的无中生有和有化为无，这样一种随心所欲的无变为有，这样一种任意的质（Qualitaet）的交换和取舍，从此被视为荒谬。不过，出于同样的理由，由一生多，由一种原质（Urqualitaet）产生多种多样的质，总之，按照泰勒斯或赫拉克利特所主张的，由一种质料派生出世界，同样也被视为荒谬。毋宁说，现在已经提出了一个特定的问题：如何把关于不生不灭之存在的学说挪用到这个现有的世界上来，而无须以感官假象说和感官欺骗说为其出路。可是，如果经验世界不应该是假象，如果万物不能从虚无中派生，也不能从某一物中派生，那么，万物本身必定包含着一种真正的存在，其质料和内容必定是绝对实在的，一切变化都仅能关涉到形式，即关涉到这些永恒的，同时存在着的实体的位置、秩序、组合、混合和分离。事情恰如掷色子游戏，始终是同一些色子，但时而这样掷下，时而那样掷下，对于我们就意味着不同的东西。所有早期的理论都追溯到一种元素，以之为生成的母腹和始因，不管这种元素是水、气、火，还是阿那克西曼德的不确定者。与此相反，现在阿那克萨哥拉主张，从相同的东西中绝不能产生不同的东西，变化绝不能由一种存在者得到说明。无论人们如何想象稀释或加稠这种假定的质料，都绝不可能通过这样的加稠或稀释来获得他们想要说明的东西——质的多样性。但是，如果世界事实上充满最不同的质，那么，它们（如果它们不是假象）必定拥有一种存在，也就是说，它们是永远不生不灭、始终同时存在着的。它们不可能是假象，因为假象从何而来这个问题始终没有答案，甚至只有否定的答案。前代的学者试图简化生成问题，其方法是提出一种基质，它孕育着全部生成的可能性。现在，说法相反了：有无数的基质，但它们绝不增多、减少或更新。只是运动在不断重新把它们当作骰子摇掷，而阿那克萨哥拉根据我们思维观念的不容置辩的接续交替反驳巴门尼德，证明运动是真理而非假象。也就是说，我们以一种最直接的方式洞察运动和交替的真理性，这种方式就是：我们的确在思考并且拥有观念。于是，巴门尼德的僵硬的、静止的、死灭的存在无论如何是被清除了，现在有许多存在者，同样确凿的是，所有这些存在者（存在、基质）都在运动着。变化是运动——但是运动来自何方？也许，这个运动完全没有触动那些独立的、彼此隔绝的基质的真正本质，因而，按照存在者之最严格概念，它岂非**必定**是和它们本性相异的？或者，尽管如此，它仍然属于事物本身？我们面临一个重要的决定：依据我们的取向，我们将分别进入阿那克萨哥拉的领域，或恩培多克勒的领域，或德谟克利特的领域。一个费解的问题必然会被提出：如果有许多基质，这些基质都在运动，那么，是什么在推动它们？它们互相推动吗？仅仅是重力在推动它们吗？或者，事物本身包含着魔术般的引力和斥力？或者，运动的诱因是在这些实在的基质之外？换一种更严密的问法：如果二物显示一种交替，一种位置的互变，那么，这是由于它们本身吗？对此应作机械的解说还是魔术的解说？或者，如果情况并非如此，那么，是有第三者在推动它们吗？这是一个糟糕的问题，因为，巴门尼德也许可以证明，与阿那克萨哥拉的看法相反，即使有许多基质，运动仍然是不可能的。也就是说，他可以说：如果举出两种自在地存在着的本质，每一种都具有完全不同的、绝对独立的存在

（这样一种本质就是阿那克萨哥拉的基质），那么，正因为如此，它们绝不会互相碰撞，绝不会互相推动，绝不会互相吸引，它们之间没有因果关系，没有桥梁，它们互不触动，它们互不干扰，它们互不相关。因此，碰撞和魔术般的吸引一样都是无法解释的。凡是绝对异类的东西，彼此间不可能发生任何一种作用，因而自己既不可能运动，也不可能使对方运动。巴门尼德甚至还可以补充说：留给你们的唯一出路是把运动归之于事物本身；可是，这么一来，凡是你们称作和看作运动的一切也就只是幻觉，而不是真实的运动，因为，可能属于那种绝对独特的基质的唯一的运动，只是一种排除任何作用的自我运动。而现在你们之所以要假定运动，又恰恰是为了解释交替、位移、变化等作用，简言之，是为了解释事物相互之间的因果性和关系。然而，这些作用并未得到解释，仍像以前一样成问题。所以，完全看不出何必要假设一种运动，既然它根本不能带来你们向它要求的东西。运动根本不属于事物的本质，它永远异己于事物。

为了逃脱上述论证，埃利亚学派那个"不动的一"的反对者们受到了来自感性的一种偏见的诱惑。这一情形似乎是不容反驳的：每个真正的存在者都是一个占据空间的物体，一团物质，或大或小，但必在空间中延伸，因而，两团以上的物质不可能同处一个空间。在此前提下，阿那克萨哥拉就像后来的德谟克利特一样假定：当它们在运动中侵入对方空间时，它们必然互相碰撞；它们会争夺同一个空间；正是这种争夺导致了一切变化。换言之，那些完全隔绝的、彻头彻尾不同的、永远不变的基质，终究没有被想成是绝对不同的；在独一无二的、完全特殊的质之外，它们终究都具有一种完全相同的基础，一块占据空间的物质。在分有物质这一点上，它们都是一样的，因而能互相作用，即互相碰撞。事实上，一切变化完全不依赖于那些基质的异类性质，相反却依赖于它们作为物质的同类性质。这里，在阿那克萨哥拉的假设中，有一个逻辑错误作为其基础。因为，真正自在的存在者必定是完全无条件的和统一的，所以不允许有任何东西作为其原因和前提。相反，阿那克萨哥拉的所有那些基质终究是有条件的东西，它们拥有物质，以物质的存在为前提。例如，对于阿那克萨哥拉来说，"红"这种基质恰恰不仅是自在的红，冥冥中还是一块没有质性的物质。"自在的红"只有凭借这物质才能作用于别的基质，不是凭借红色，而是凭借一种非红色的、无色的、完全没有质的规定性的东西。如果红被严格地看作红，看作真正的基质本身，也就是没有那个基础，那么，阿那克萨哥拉想必不敢谈论红对于别的基质的作用，比如这种说法："自在的红"在碰撞时传递了一种运动给予"自在的肌肤"。由此可见，这样一个真正的存在者是绝不能被推动的。

十五、阿那克萨哥拉：原动力"努斯"

> 阿那克萨哥拉根据观念的自我运动及推动肉体
> 之经验事实得出：观念力即"努斯"是一种自我运
> 动并且使他物运动的基质。

为了充分评估巴门尼德假设的非同寻常的优点，必须看看埃利亚学派的对手们。如果向阿那克萨哥拉以及一切相信多基质统一的人提出"有多少基质"这个问题，等待着他们的是一种怎样的困窘啊，而巴门尼德是不会遭此困窘的。阿那克萨哥拉闭眼一跳，说："无限多。"这样，他至少逃脱了一个困难得不堪想象的任务，即证明基质的确切数目。因为这个无限多必须不增、不变、亘古以来就存在着，所以，在这个假定中已包含着一个封闭的完成了的无限之矛盾。简言之，多、运动、无限在遭到巴门尼德关于存在的可惊原理谴责之后，又从放逐中返回，向巴门尼德的对手发射炮弹，试图给他们以致命的创伤。这些对手却显然没有准确估计到埃利亚学派下述思想的可怕威力："时间、运动、空间都不可能存在，因为我们只能把所有这些东西设想为无限的，而且既是无限大的，又是无限可分的；可是，一切无限的东西都不具有一个存在，都不存在。"无论谁只要严格领会"存在"一词的含义，且确认自相矛盾的东西例如完成了的无限不可能存在，就不会怀疑这个思想。如果现实只在完成了的无限的形式中向我们显示万物，则可见现实是自相矛盾的，因而不具有真正的实在性。倘若这些对手想反驳说："可是，在你们的思维中毕竟有接续交替，因而你们的思维也不可能是实在的，故不能证明任何东西。"那么，巴门尼德也许会像康德在类似场合答复同一指责那样答道："虽然我可以说，我的意念是彼此接续交替的，但这仅仅是指，我是在一种时间次序中，即遵循内感官形式意识到它们的。这就是说，时间不是某种自在之物，也不是客观地依附在事物上面的规定性。"因此，必须区分纯粹的思维——它像巴门尼德的存在一样是非时间性的——和对这种思维的意识，后者已经把思维翻译成了假象的形式，也就是交替、多、运动的形式。巴门尼德很可能利用了这条出路，而斯皮尔（A.Spir）用来反驳康德的理由（《思维与现实》第1卷），想必也会被用来反驳他："然而，现在很清楚，第一，如果我的意识中并不同时显现一种各个前后相继的交替环节，那么，我对这种交替本身只能一无所知。所以，交替这个观念本身完全不是交替的，因而完全不同于我们观念的交替。第二，康德的假设中所包含着的荒谬性是如此明显，以至于我们要惊叹他如何能将之隐瞒住。按照这一假设，恺撒大帝和苏格拉底并没有真死，他们就像两千年前一样活得好好的，只是由于我的'内感官'的安排，才显得好像已经死了。未来的人们现在已经活着了，如果说他们现在尚未活生生地呈现在我们面前，那么，'内感官'的安排同样难辞其咎。在这里，主要的问题在于：有意识的生命本身的开始和结束，连同它的全部内感官和外感官，如何能仅仅存在于内感官的领悟之中？事实恰恰是，变化的实在性根本无法否认。把它从窗口送走，它又从锁眼溜进。也许有人会说'状态和观念只是看起来在变化而已'，但这个假象本身仍是某种客观现存的东西，其中的交替具有无可怀疑的客观实在性，实际上确有某种东西前后相继。——此外，应该看到，全部理性批判只有在下述前提下才有理由和权利：我们的意念本身如其所是地向我们显现。因为，如果意念并非如它实际所是地向我们显现，那么，我们就不可能提出有关它的有效主张，因而也不可能建立认识论以及对客观有效性作'先验'考察。现在，这一点已不容怀疑：我们的观念本身是作为接续交替的东西显现给我们的。"

阿那克萨哥拉观察到了这种确凿无疑的交替和运动，这迫使他提出了一个值得深思的假设。观念（die Vorstellung）显然是自我运动的，而不是被移动的，它们在自身之外别无动因。他说，因此存在着某种自身之内包含着运动的原因和开端的东西。但是，他又观察到，这些观念不仅自我运动，而且还推动某种完全不同的东西，即肉体。这样，他通过最直接的经验发现了观念对于有广延的物质的作用，这一作用作为后者的运动而得以辨认。他把这一点看作事实，其次才想要对这一事实做出解说。为此他有一个世界上运动的有序图式就足够了，然后，他或则把这种运动看作由进行着观念活动的"努斯"（nous）所引致的那些真正的、隔绝的实体的运动，或则看作由已被推动之物所引起的运动。在他的基本假定中，后一种情况，即运动和碰撞的机械传递，本身同样包含着一个问题，这一点他也许忽略了。碰撞作用的屡见不鲜大概钝化了他发现碰撞之谜的眼力。相反，他也许正确地感觉到了观念对于自在地存在着的基质的作用是大成问题的，甚至是荒谬的，因此试图把这种作用归结为他认为显然行得通的机械移动和碰撞。"努斯"无论如何也是这样一种自在地存在着的基质，他把它描述为具有特殊属性即思维的极其精细的物质。按照如此假定的性质，这种物质对于另一种物质的作用，与另一种基质施于第三种基质即机械的、因压力和碰撞而运动着的基质的作用，当然完全同属一类。现在他总算有了一种自我运动并且使他物运动的基质，其运动并非来自外界，也不依赖于他物。这样，现在这种自我运动该被如何设想，看来差不多是无所谓的了，也许就像极其精细的水银珠子的来回滚动吧。在涉及运动的所有问题中，没有比运动的开端更棘手的问题了。如果我们可以把其他一切运动设想为结果和作用，那么，那最初的、开端的运动就理应是已被阐明了的。然而，对于机械运动来说，链上的最初一环绝不可能是一种机械运动，因为这无非是意味着求助于causa sui（自因）这个荒谬概念。另一方面，一开始就把自我运动当作一笔终身嫁妆添加到永恒绝对之物身上，同样也无济于事。因为不能设想运动没有何去何从的方向，仅仅是关系和

120

条件。而倘若一物按其本性必然关涉到存在于它之外的某物，该物就不再是自在地存在的和绝对的。面对这一困境，阿那克萨哥拉误以为在那个自我运动的、一向无所依赖的"努斯"身上找到了特别的救星。"努斯"的本质是那么含糊不清，恰好足以掩饰对于它的假设实质上也已包含着那个应被禁止的causa sui。经验观察表明，意念无疑不是一个 causa sui，而是大脑的产物；把"精神"这种大脑的产物同它的 causa（原因）分离开来，并且妄断它在这一分离后仍然存在着，实在是太出格了。但这正是阿那克萨哥拉所做的；他忘记了大脑及其惊人的功能，大脑纹路和大脑运转的精微复杂，而宣告所谓"自在的精神"。这个"自在的精神"可以随心所欲，对一切基质都随心所欲——这真是一个精彩的发现！它可以随时叫它之外的事物立刻开始运动，相反，涉及它自己却可以耗费极其漫长的时间。总之，阿那克萨哥拉可以假定一个**最初的**运动时刻，作为一切所谓生成的起点，也就是永恒基质及其成分的一切变化即一切移动和换位的起点。即使精神本身是永恒的，它也绝不会逼自己亘古以来就来回地移动物质和物体，以此折磨自己。不论长短，总必有过一个时间和一种状态，当时"努斯"尚未施作用于物质，物质尚未运动。这就是阿那克萨哥拉所说的混沌时期。

十六、阿那克萨哥拉的宇宙理论

> 世界的原始存在是"混乱"，无限小的微粒也已是不同基质的混合。只有一个例外："努斯"绝不会同任何基质混合，相反可以随心所欲地推动和移动后者。

阿那克萨哥拉所说的混沌（Chaos）不是一个可以立刻让人明白的概念。要理解它，必须首先理解这位哲学家对于所谓生成所提出的观念。因为，在运动以前，一切异类元素的状态本身绝非必然会造成一切"事物的种子"的绝对混合，如同阿那克萨哥拉所表达的。他想象这种混合是一种完全的混杂，连最微小的成分也是如此。其途径是把所有这些元素基质仿佛在一个研钵里研成粉末，从而能够把它们仿佛在一只搅拌罐里搅拌而成为混沌。人们也许可以说，这一混沌观念毫无必要。毋宁说，只需要假定一切元素的一种任意偶然状态就可以了，而不需要假定它们被无限分割。一种无规则的并存已经足够，不需要混杂，更不消说一种如此彻底的混杂了。那么，阿那克萨哥拉是怎样得出这个困难复杂的观念的？我们说过，是依靠他对经验所显示的生成的理解。他首先从他的经验中吸取了一个关于生成的最不寻常的命题，这个命题必然导致关于混沌的理论。

通过对自然界中事物的产生过程的观察，而不是通过对前人体系的研究，阿那克萨哥拉得出了这一原理：**一切事物产生于一切事物**。这是一个自然科学家的信念，它立足于一种多方面的、归根到底当然是极其可怜的归纳。他这样来证明上述原理：如果事物可以产生于其对立面，例如黑产生于白，那么一切都是可能的了。当白色的雪融化为黑色的水时，这种情况确实发生了。他这样解释身体的代谢过程：食物中必定有看不见的肉、血、骨粒子，代谢时，它们各自分离出来，然后在体内同类相聚。可是，如果一切事物可以产生于一切事物，固体可以产生于液体，硬可以产生于软，黑可以产生于白，肌肉可以产生于面包，那么，一切事物也必定已经包含在一切事物之中。事物的名称仅仅表达一种基质相对于别的基质的优势，那些基质的量较小，甚或小得几乎不可觉察。在金——也就是人们 a potiore（权且）称之为"金"的东西——之中，必定也包含着银、雪、面包、肉，不过比例极其微小，而整体则是按照占优势的金的基质来命名的。

然而，一种基质怎样能够占据优势，以多于其他基质的量填充一物呢？经验表明，这种优势只能在运动中逐渐形成，优势是我们通常称作生成的那个过程的产物。另一方面，一切事物包含在一切事物之中，这一点不是一个过程的产物，相反是一切生成和一切运动的前提，因而是先于一切生成的。

换句话说，经验教导我们，同类物不断地（譬如说通过代谢）聚合起来，可见它们一开始并非互相依附和结块成团的，相反是分散的。毋宁说，就我们目睹的过程而言，同类物始终是从非同类物中派生出来而移聚于别处的（例如在代谢时肌肉产生于面包等）。因此，不同基质的混合乃是事物结构的更早形式，在时间上先于一切生成和运动。如果一切所谓生成是一种分离，是以一种混合为前提的，那么就有一个问题：这种混合、这种互相混杂一开始必定达到过怎样的程度。尽管同类物向同类物运动的过程，也就是生成，已经持续了极其漫长的时间，然而人们还是知道，时至今日，在每一事物中仍然包含着其他一切事物的碎屑和种子，它们等待着分离，而到处存在的不过是一种优势罢了。因此原初的混合必定是完全的混合，也就是说，哪怕无限小的微粒也已经是混合了，因为摆脱混合要耗费无限的时间。在做以上思考时，阿那克萨哥拉执着于一个想法，即认为一切具有真正存在的事物都是无限可分的，不会因此丧失其特性。

根据上述前提，阿那克萨哥拉设想世界的原始存在类似于由无限小的质点构成的尘粒，其中每一个质点都极其简单，只具有一种特质，因而每一种特殊的质都体现在无限多的个别点中了。考虑到这些点是同一个整体的性质相同的部分，而该整体又与自身各部分性质相同，亚里士多德就把这些点称作 homoeomeries（同类部分）。然而，如果把所有这些点、这些"事物的种子"的原初混合等同于阿那克西曼德的原初质料，那就大错特错了。因为，后者即所谓"不确定者"是一种绝对单一的同质的粒子，而前者则是不同质料的聚合体。诚然，对于这个不同质料的聚合体，人们可以说对于阿那克西曼德的"不确定者"所说的同样的话，亚里士多德就是这样做的：它可能既不是白的，也不是灰的、黑的，或别的颜色的；它无味，无嗅；一般来说，它作为整体既没有量的规定性，也没有质的规定性。阿那克西曼德的不确定者与阿那克萨哥拉的原初混合的共同点就这么多。然而，且不论这些消极的共同点，它们有着积极的区别，即原初混合是聚合体，不确定者是单一体。阿那克萨哥拉至少靠着他那关于"混沌"的假设而在这一点上优越于阿那克西曼德：他不必从一推导出多，从存在者推导出生成者了。

当然，在他主张的种子的完全混合中，他必须允许一个例外："努斯"当时并没有，而且归根到底至今也没有同任何事物混合。因为，只要它曾经同一种存在者混合，那么，通过无限的分割，它必定存在于一切事物之中了。这个例外在逻辑上是大成问题的，尤其是考虑到前面叙述的"努斯"的物质本性，它简直是某种神话式的东西，显得十分武断。然而，按照阿那克萨哥拉的前提，它却有着严格的必然性。精神和所有别的质料一样，是无限可分的，不过并非通过其他质料而分割，而是通过它自身。当它自我分裂时，它一边分裂，一边又聚合为或大或小的颗粒，并且保有它万古不变的量和质。在这一瞬间，在整个世界上，在动物、植物和人身上，那种是精神的东西，一千年前也是精神，而且并不增多或减少，尽管分配有所不同。可是，无论它在哪里和一种别的基质发生关系，它在那里绝不会同后者混合，相反可以任意把握后者，随心所欲地推动和移动后者，简言之，支配后者。世界上只有它在自身中包含着运动，也只有它统治着世界，并通过推动基质种子来表明这种统治。然而它把它们推向何方？或者，一种没有方向、没有轨道的运动是可以设想的吗？精神凭着其冲动发生作用时是随机性的吗？有如它在什么时候碰撞、什么时候不碰撞是随机性的一样？总之，在运动中起支配作用的是偶然，是最盲目的任意性吗？我们在这里就要跨进阿那克萨哥拉最神圣的思想领地了。

十七、阿那克萨哥拉宇宙理论的伟大

阿那克萨哥拉宇宙理论的伟大在于，当巴门尼德把存在看作一个静止的球体时，这个构想却从运动着的圆圈推导出了整个生成的宇宙。

对于原始状态的那种混沌的混合，在它尚未有任何运动之时，在不增加任何新的基质和力量的条件下，究竟需要做些什么，才能从中产生现有的世界及其规则的天体轨道，有规律的岁月交替形式，形形色色的美和秩序，简言之，才能从混沌中产生一个宇宙？这只能是运动的结果，然而是特定的、精心安排的运动。这种运动本身是"努斯"的手段，而"努斯"的目标该是把同类事物完全分离出来，这是一个迄今尚未达到的目标，因为开端的无序和混合是无止境的。这个目标只可能通过极其漫长的过程去追求，不能靠神话般的魔法一蹴而就。如果在一个无限遥远的时刻，一旦做到使一切同类物聚合，各种元素按类集中，彼此按照美的秩序排列；如果每个微小部分都找到了自己的同伴和家乡；如果在基质的大分裂、大分散之后，迎来了大和平，不复有任何分裂、分散之物，那么，"努斯"就将复归于它的自我运动，不再分裂成或大或小的量，作为植物精神或动物精神，去漫游世界或栖居于其他物质中了。在这期间，任务尚未完成，但"努斯"设想出的运动方式已经为解决任务显示了一种令人惊叹的合目的性，通过它，任务将不断获得新的解决。因为它具有一种螺旋形运动的性质，在混沌的混合之任意一点上，它都已经开始，这个螺旋形运动起先以小圈旋转的形式，随而以不断扩大的轨道，波及一切现有存在，所到之处，凭借离心力把每样事物抛向其同类。这个旋转运动首先使一切密者靠近密者，一切稀者靠近稀者，同样也使一切暗、明、湿、干的东西靠近其同类。在这些一般项目之上，又有两种更广阔的东西，即以太，就是一切暖、轻、稀的东西，以及空气，就是一切暗、冷、重的东西。通过以太物质与空气物质的分离，那个轮子旋转的圆周愈来愈大，其最直接的效应是发生了与有人在静水中造成一个旋涡相类似的情形：较重的成分被吸往中心并凝聚起来。同样，前进的水龙（Wasserhose）也是这样形成的，在混沌中，轻飘稀薄的成分留在外侧，凝重潮湿的成分聚向内侧。然后，随着这一过程的延续，首先是水从内侧滚动着的气流中分离出来，然后是土质从水中分离出来，最后，由于可怕低温的作用，矿物从土质中分离出来。接着，在离心力的作用下，一些矿物团块又重新被扯离地面，抛入炽热明亮的以太层面。在那里，以太的火焰使它们燃烧，以太的旋转又使它们一起随己旋转。这样，它们闪射光芒，成为太阳和星辰，照亮和温暖了本来阴冷的地球。

这整个思考过程惊人地大胆和单纯，本身丝毫没有那种笨拙的、拟人的目的论气息，虽则人们常常把这种目的论同阿那克萨哥拉的名字联系起来。这个构想的伟大和骄傲正在于，当巴门尼德把真正的存在者看作一个静止的僵死的球体直观时，它却从运动着的圆圈推导出了整个生成的宇宙。如果说这个圆圈是最早被推动的，是"努斯"使它滚动起来的，那么，世界的全部合目的性的、美的秩序就是这一最初推动的自然而然的结果。当人们责备阿那克萨哥拉在这一构想中所显露的思想内涵仍是目的论，并且轻蔑地把他的"努斯"说成是一种 deus ex machina（机械降神）时，他们对他是多么不公正。相反，正是为了排除神话的和一神论的奇迹干预，排除人神同质同形论的目的和功用，阿那克萨哥拉可以说出类似于康德在《天体自然史》中说过的豪言。把宇宙的壮丽和星体轨道的神奇安排完全追溯到一种单纯的、纯粹机械的运动，宛如一个运动着的数学图形，岂不是一种更崇高的想法？不是追溯到一个机械神灵的意图及其干预之手，而只是追溯到一种振荡，它一旦开始，在其进程中便是必然的和确定的，其结果酷似却不必就是神机妙算或深思熟虑的安排。康德说："我愉快地看到，不是靠任意的虚构，而是由于确定的运动规律的作用，形成了一个井然有序的整体，它如此酷似我们这个世界系统，以致我不能不认为它就是后者。我觉得，就此而论，在一定的意义上，一个人可以并非狂妄地说：'给我物质，我要从中建造出一个世界！'"

十八、阿那克萨哥拉宇宙理论的缺陷

从力学方面对阿那克萨哥拉宇宙理论的解释和质疑。

现在，即使假定可以把那个原始混合视为正确推导出来的东西，这一伟大的世界建筑设计看来仍然首先会遭到一些力学方面的质疑。也就是说，即使精神在某个地方引起了一种旋转运动，这种运动的延续依然是极难想象的，尤其是考虑到，它本来被设想为无限的，应当逐渐波及一切现有物质。我们一开始就可以想到，所有其余物质的压力一定会压制这个刚刚产生的微弱的旋转运动。这种情况没有发生，其前提是起发动作用的"努斯"以可怕的力量突然投入，迅猛得我们无论如何必须把这个运动称作涡流，正像德谟克利特也设想过这样一种旋涡一样。而由于这种旋涡必须无限强大，才能不被整个压于其上的无限物质世界阻遏，所以它又应该是无限迅速的，因为强度本来就只能体现为速度。否则，同心圆愈大，这个运动就会愈慢；一旦运动能够达于无限伸展的世界的终极，那里它就势必只有无限小的转速了。相反，如果我们设想，在运动最初被设置之时，运动是无限大即无限快的，则开始的圆圈也必定是无限小的。这样，我们得到了一个自转的点作为开端，这个点具有无限小的物质内容。可是，这个点全然解释不了继续运动，我们诚然可以设想所有原始物质的点自转，但全部物质依然是不动的、未分离的。然而，如果这个被"努斯"支配和振荡的无限小的物质的点并不自转，而是重画出任意一个更大的圆周，那么，这就足以撞击、推进、投掷、反弹其他物质的点了，并且如此逐渐造成一种活跃的、向四周扩展的骚动，作为最近的结果，其中必将发生空气物质与以太物质的分离。正像运动的开始本身是"努斯"的一个任意行为一样，其设置的方式，即最初的运动重画出一个圆圈，其半径可以任意选择并且大于一个点，这也是"努斯"的任意行为。

十九、论"努斯"的审美性质：世界开始于游戏

      "努斯"既不受原因支配，也不受目的支配，其一切行为，包括对原始运动的发动，只能解释为自由意志的行为，其性质类似于游戏冲动。可见希腊人启齿欲说的最终答案始终是：世界开始于游戏。

    在这里，我们当然可以问，"努斯"那时究竟突然发生了什么事，以至于要去撞击无数个点中的任意一个物质小点，使之旋转起舞，而为何以前没有发生这事。阿那克萨哥拉也许会如此回答这个问题："努斯"有为所欲为的特权，它可以一下子随意开始，它只依赖于自己，而其他万物则是由外在因素决定的。它没有义务，因而也没有它不得不去追求的目的。如果它有一回开始了那个运动，为自己设立了一个目的，那也只是——这个答案太难，得由赫拉克利特来说完它——一种**游戏**。

    看来这始终是希腊人启齿欲说的最终解决或答案。阿那克萨哥拉的灵魂是个艺术家，而且是最强有力的力学天才和

建筑艺术天才，他以最简明的方法创造出最宏伟的形式和轨道，宛如创造出一种能动的建筑结构，而这终归是出自深藏在艺术家本能中的那种非理性的恣意任性。仿佛阿那克萨哥拉手指菲狄亚斯[1]，面对宇宙这个巨型艺术品，一如面对帕特农神庙，高声喊道：生成不是道德现象，而只是艺术现象！据亚里士多德说，对于人生对他为何终究很有价值这个问题，阿那克萨哥拉的回答是："为了观赏穹苍和整个宇宙秩序。"他对待物理事物是如此虔诚，怀着如此神秘的敬畏之心，就像我们怀着同样的心情肃立在一座古代庙宇前一样。他的学说成了一种具有自由精神的宗教训练，它借 odi profanum vulgus et arceo（憎恨并避开不敬的群氓）来自卫，审慎地从雅典最高贵的阶层中挑选自己的信徒。在雅典的阿那克萨哥拉信徒的秘密团体中，民间神话只是作为一种象征语言得到认可，一切神话故事、一切神灵、一切英雄在这里只被当作自然含义的象形文字，即使荷马史诗也应该是"努斯"威力的颂歌，是 physis（物理）的斗争和法则的颂歌，这个崇高的自由精神团体的声音传播甚广，深入民间。尤其是那位当时还无所畏惧、锐意革新的伟大的欧里庇得斯（Euripides），他敢于通过种种悲剧面具把那利箭一般穿透民众意识的东西大白于天下，民众唯有依靠滑稽的模仿和可笑的曲解才得以摆脱这种东西。

1　菲狄亚斯（Phidias，活动时期约公元前490—约公元前430），雅典雕刻家，帕特农神庙及其中神像的艺术指导和主要作者。

然而，最伟大的阿那克萨哥拉信徒是伯里克利，这个世上最有力、最奇特的人。柏拉图正是就他而作证说，唯有阿那克萨哥拉的哲学才使他的天才得以展翅高飞。当他作为著名演说家站在他的人民面前，优美静穆如同一尊大理石的奥林匹斯神像，镇定自若，身披褶裥纹丝不动的大衣，脸部表情未尝稍改，不苟言笑，声调始终铿锵有力，与德摩西斯梯尼[1]迥然有别，恰以伯里克利的风格演说，有若雷鸣、电闪，毁灭着也拯救着，——当此之时，他就是阿那克萨哥拉的宇宙的缩影，"努斯"的肖像，"努斯"在他身上为自己建造了最美丽奇异的屋宇。那建造着、运动着、区分着、整理着、俯视着、充满艺术创意、不受外界决定的精神力量，仿佛在他身上人化，变得清晰可见了。阿那克萨哥拉自己说过，单凭人拥有手这样可惊叹的器官，就已经是最理性的存在物了，必定比其他一切存在物充分得多地包含"努斯"。他由此推断，"努斯"是按照它在其中占有一个物质躯体的范围和尺寸，不断从这些物质中为自己建造与其量级相一致的工具的，因而，当它最充分地显现时，工具就最美、最合目的。"努斯"最奇妙、最合目的的举动想必是那个圆形原始运动，因为当时精神还是浑然一体，尚未分化。在听众阿那克萨哥拉看来，伯里克利演说的效果想必像是这个圆形原始运动的一幅象征图画。因为，他在这时首先也感觉到了一个威力无比、却又

1　德摩斯梯尼（Demosthenes，公元前384—前322），喀罗尼亚人，雅典政治家，古希腊最伟大的演说家。

有条不紊地运动着的思想旋涡，它逐渐扩展，用一个个同心圆俘获和拖走了远近的一切，演讲结束之时，业已把整个民众重整而致井然有序，使之面目一新了。

在较晚的古代哲学家看来，像阿那克萨哥拉这样需要用"努斯"来解释世界，未免有些奇怪，甚至几乎是不可原谅的。他们觉得他似乎发明了一件出色的工具，但不能正确地理解它，于是他们想要补做被发明者耽误了的事情。他们不懂得，阿那克萨哥拉出于纯粹自然科学方法精神所制定的戒律有何意义，这一戒律在任何场合首先提出的问题是某物缘何存在（causa efficiens 有效原因），而不是某物为何存在（causa finalis 终极原因）。阿那克萨哥拉只是利用"努斯"来解答这个特定的问题："运动缘何存在以及有规则的运动缘何存在？"可是，柏拉图却责备他没有指出他应该指出的事情：万物以自身的方式处在自己的位置上时最美、最善、最合目的。然而，阿那克萨哥拉在任何特定场合都不敢这样主张，在他看来，现有世界绝不是可想象的最完美世界，因为他看到万物相生，发现无论在充实的世界空间的尽头，还是在单个存在物身上，"努斯"对于基质的分解都尚未大功告成。就他的认识而言，只要找到一种运动就完全足够了，这种运动能够通过简单的持续作用，从一种全然混合的混沌中造就可见的秩序。他谨慎地避免涉及运动的原因、运动的理性目的之类的问题。因为，"努斯"倘若有一个按其本性来说是必然的目的要通过运动来实现，那么，它就不复能随心所欲地在随便什么时候开始运动了。而只要它是永恒的，则它也必定已经永久地受制于这个目的，于是不可能有一个尚无运动的时刻，在逻辑上甚至要禁止替运动假定一个开端。这样一来，原始混沌的观念，整个阿那克萨哥拉世界观的基础，在逻辑上也就变得不可能了。为了避开目的论所造成的这种困难，阿那克萨哥拉始终必须最有力地强调和断言：精神是随心所欲的；它的一切行为，包括原始运动这个行为，都是"自由意志"的行为，与此相反，其余整个世界则是在这个原始瞬间之后，以严格决定的方式，而且是机械决定的方式形成的。然而，那个绝对自由的意志只能被设想为无目的的，其性质类似于孩子游戏或艺术家创作时的游戏冲动。如果指责阿那克萨哥拉犯了经常发生在目的论者身上的那种思想混乱，那就错了。目的论者惊愕于异乎寻常的合目的性，以及部分与整体之间的协调一致，尤其是在有机体身上的协调一致，于是假定，凡是为理智存在的东西，也必定通过理智产生，凡是他在目的概念引导下获得的东西，在自然界中也必定通过思考和目的概念得以形成（参看叔本华《作为意志和表象的世界》第2篇第26节论目的论的段落）。在阿那克萨哥拉看来，恰好相反，事物的秩序和合目的性仅仅是一种盲目的机械运动的产物。而且，仅仅为了能够开始这种运动，为了在某个时刻摆脱混沌的死寂，阿那克萨哥拉才假设了为所欲为、自主自决的"努斯"。他所珍视的正是"努斯"的这一特性：随心所欲，既不受原因支配，也不受目的支配，可以无条件地、不受限定地发生作用。

重要语词译表

Anthropomorphismus 人神同形同质论

das Unbestimmte 不确定者

die intuitive Vorstellung 直觉思维

die Wesenheiten 实体

Essenz 本质

Existenz 实存

Qualität 质

Realität 实在

Stoff 质料

Substanz 基质

Urqualität 原质

Ursach 原因

Urstoff 原始质料

Urwesen 本原

Werden 生成

Wesen 本质

Wirken 作用

Wirklichkeit 现实

Wirkung 结果

（全书完）

希腊悲剧时代的哲学

作者 _ [德] 弗里德里希·威廉·尼采　译者 _ 周国平

编辑 _ 李谨　装帧设计 _ 董歆昱　主管 _ 岳爱华
技术编辑 _ 顾逸飞　责任印制 _ 刘淼　出品人 _ 王誉

营销团队 _ 毛婷 魏洋　物料设计 _ 朱大锤

果麦
www.goldmye.com

以 微 小 的 力 量 推 动 文 明

图书在版编目（CIP）数据

希腊悲剧时代的哲学 ／（德）弗里德里希·威廉·尼
采著 ；周国平译. -- 昆明 ：云南人民出版社，2025.
8. -- ISBN 978-7-222-24025-4

Ⅰ. B502.1；B516.47

中国国家版本馆 CIP 数据核字第 20252ZG401 号

责任编辑：王冰洁
责任校对：刘　娟
责任印制：李寒东

希腊悲剧时代的哲学
XILA BEIJU SHIDAI DE ZHEXUE

[德] 弗里德里希·威廉·尼采　著　　周国平　译

出　版　云南人民出版社
发　行　果麦文化传媒股份有限公司
社　址　昆明市环城西路 609 号
邮　编　650034
网　址　www.ynpph.com.cn
E-mail　ynrms@sina.com
开　本　880mm×1230mm　1/32
印　张　4.75
字　数　80 千字
版　次　2025 年 8 月第 1 版　2025 年 8 月第 1 次印刷
印　刷　河北鹏润印刷有限公司
书　号　ISBN 978-7-222-24025-4
定　价　39.80 元